AF193106

IFCD59

PROGRAMACIÓN WEB CON .NET

IFCD59

PROGRAMACIÓN WEB CON .NET

Santiago Aguirre

 Ra-Ma®

La ley prohíbe
fotocopiar este libro

IFCD59 - PROGRAMACIÓN WEB CON .NET
Thema: UMW Programación web
Bisac: COM060160
© Santiago Aguirre
© De la edición: Ra-Ma 2024

Edición original publicada por Six Ediciones. Ciudad Autónoma de Buenos Aires, Argentina.
Título original: .NET Aplicaciones Web Vol.1, Vol.2, Vol.3
Colección: USERS ebooks
Derechos Reservados © Six Ediciones. Ciudad Autónoma de Buenos Aires, Argentina.

Editado por:
RA-MA Editorial
Calle Jarama, 3A, Polígono Industrial Igarsa
28860 PARACUELLOS DE JARAMA, Madrid
Teléfono: 91 658 42 80
Fax: 91 662 81 39
Correo electrónico: *info@grupoeditorialrama.com*
Internet: *www.ra-ma.es* y *www.ra-ma.com*
ISBN: 978-84-1036-058-7
Depósito legal: M-19896-2024
Maquetación: Antonio García Tomé
Diseño de portada: Antonio García Tomé
Filmación e impresión: Safekat
Impreso en España en septiembre de 2024

ÍNDICE

ACERCA DEL AUTOR

Santiago Aguirre Pérez es programador y desarrollador web, además de entusiasta de la tecnología. Trabajó cinco años en servicio técnico, y estudió las carreras de Comunicación Social y Desarrollo Web en la Universidad de La Matanza. Es desarrollador en Java, PHP, Python, JavaScript, y en tecnologías del lado del cliente, como Angular y Bootstrap.

En la actualidad, se desempeña como redactor para RedUSERS y trabaja como desarrollador Laravel.

PRÓLOGO

ASP.NET es un ecosistema para la creación de aplicaciones y sistemas en la Web, desarrollado y mantenido por Microsoft. Es una de las herramientas más utilizadas dentro del mundo de la programación web, en constante avance y crecimiento. En los últimos años, su popularidad ha ido en aumento, y se ha vuelto una alternativa muy interesante a otros entornos y frameworks, como los de PHP, Java, Python y otras tecnologías populares. Se lo utiliza para crear desde aplicaciones pequeñas y sitios web de mediano tamaño, hasta otros de mayor escala, como sistemas con grandes cargas de trabajo. Además, permite aprovechar el lenguaje C# a fondo, con todas las características que este ofrece, como la programación orientada a objetos y la programación asíncrona.

SOBRE ESTA OBRA

En esta colección aprenderás todo lo necesario para programar sistemas en ASP.NET, partiendo de los conceptos básicos y las herramientas más útiles que Microsoft ha creado para el desarrollador.

Conocerás los elementos más interesantes que Visual Studio tiene para facilitar el trabajo, como el scaffolding y el manejo de bases de datos; y verás cómo crear sistemas con manejo de información real, entre muchas otras opciones. Aprenderás a trabajar con Razor Pages, ASP.NET Core, Blazor, y todos los elementos que existen bajo el ecosistema ASP.NET.

▶ **Parte 1:** Verás los aspectos fundamentales de ASP.NET y de Razor Pages. Aprenderás a instalar el SDK de .NET, Visual Studio Community, y a crear tu primer proyecto de Razor. Conocerás a fondo las ventajas de trabajar con Razor dentro de las páginas web y utilizarás el IDE de forma óptima para maximizar su eficiencia.

▶ **Parte 1:** Comenzarás a utilizar ASP.NET Core y verás aspectos más avanzados del framework, para iniciarte en proyectos mucho más complejos y a gran escala. Trabajarás bajo el modelo MVC de desarrollo.

▶ **Parte 1:** Crearás interfaces avanzadas y te introducirás en el mundo de los servicios en la Web. Aprenderás sobre las APIs y cómo crear tus propios servicios con ASP.NET API.

Parte 1

ASP. NET. RAZOR PAGES. TU PRIMER PROYECTO

Introducción
ASP.NET - Razor Pages
Razor Pages
Modelos
Depuración y limpieza
Glosario

1

INTRODUCCIÓN

El objetivo de esta colección es introducirte en uno de los ecosistemas y entornos de trabajo más utilizados y extensos del mundo del desarrollo, ASP.NET. Fue creado por Microsoft, es utilizado a diario por millones de desarrolladores, y demandado por miles de empresas y organizaciones en el mundo, hecho que lo convierte en una de las herramientas más importantes del rubro.

1.1 HERRAMIENTAS

ASP.NET permite el desarrollo de distintos tipos de aplicaciones en la Web, desde sitios con pequeñas implementaciones, hasta sistemas a mayor escala, preparados para soportar grandes cantidades de trabajo y de operaciones a la vez. En esta colección verás las diferentes herramientas que ofrece este ecosistema, que varían según las posibles alternativas de desarrollo.

Figura 1.1. ASP.NET es una plataforma para crear sitios y aplicaciones soportadas en distintos sistemas.

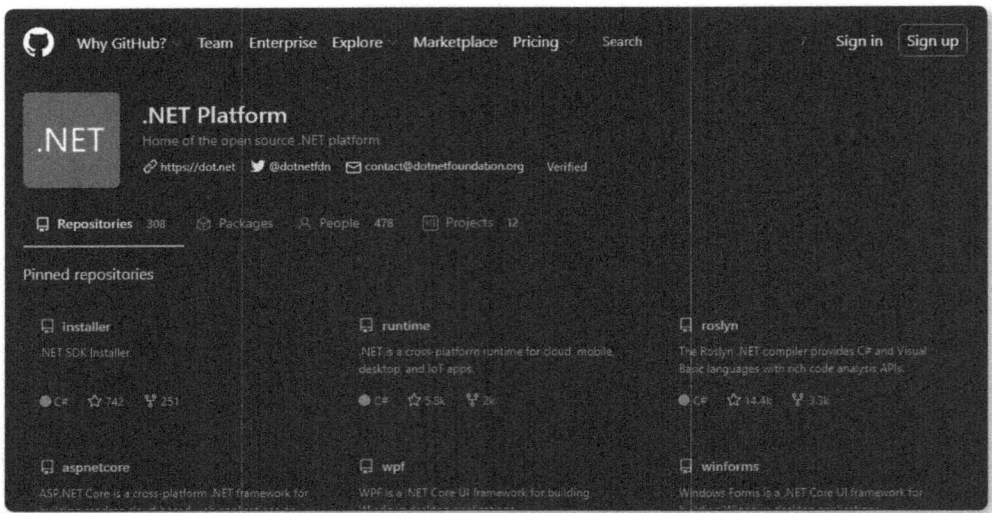

Figura 1.2. GitHub se emplea como gestor de repositorios para proyectos enormes, como .NET.

Comenzar a estudiar y desarrollar aplicaciones en ASP.NET tiene muy pocos requisitos. Además de los conocimientos previos que necesitas, solo precisas un ordenador, con sistema operativo Windows o Mac, acceso a Internet y un editor de código.

Aunque puedes trabajar con cualquier editor de código o entorno de desarrollo integrado, en esta obra se utiliza Visual Studio Community. Este es un IDE creado por Microsoft, con una integración completa con la plataforma de desarrollo ASP. NET. Es gratuito, en la versión mencionada, y permite desarrollar de forma cómoda, con herramientas como detección de errores en la sintaxis, andamiaje, herramientas de testeo y de lanzamiento de aplicaciones, gestión de bases de datos e, incluso, integración con versionados de código.

1.2 ¿QUÉ DEBO SABER?

Para comenzar a trabajar en ASP.NET, debes tener conocimientos sobre C#, y aunque no es completamente necesario, sí es recomendable manejar el lenguaje de acceso a datos SQL. También se insta al lector a conocer, al menos, las bases de HTML, CSS y JavaScript.

1.2.1 C#

C# es un lenguaje de programación multiparadigma, desarrollado por Microsoft y lanzado en 2000, con orientación a la programación orientada a objetos, aunque cuenta con distintas características que lo vuelven un lenguaje muy moderno, como la programación asíncrona. Su sintaxis básica está inspirada en la de C y C++, por lo cual a aquellos programadores que conozcan estos lenguajes les resultará muy fácil su aprendizaje y uso.

ASP.NET utiliza C# como uno de sus lenguajes principales, y permite la creación de programas para distintas plataformas, como Windows, UNIX, Android e iOS, entre otros.

1.2.2 SQL

El lenguaje SQL es una sintaxis utilizada y modificada por muchos gestores de bases de datos. Se lo considera un estándar, aprovechado por distintos motores de gestión de la información, y del cual derivan muchísimos dialectos con pequeñas modificaciones. Tales son los casos de SQL Server, Oracle y MySQL, entre otros.

SQL permite el acceso y la manipulación de datos en bases de datos relacionales, que emplean tablas como soporte para la información.

1.2.3 HTML, CSS y JavaScript

HTML es el lenguaje de marcado estándar, actualizado y mantenido por el W3 Consortium, que se utiliza para la creación de páginas web y es soportado por todos los navegadores modernos. Permite almacenar y estructurar la información de modo jerárquico, en archivos con extensión .HTML.

CSS es un lenguaje de hojas de estilo creado para interactuar con HTML y modificar la manera en la cual los navegadores muestran la información de los archivos HTML. Se encarga de estilizar la información almacenada en el lenguaje de marcado HTML, para separar de modo organizado la información de los estilos y el diseño. JavaScript es el lenguaje estándar de programación de los navegadores web. Es un dialecto o derivado del estándar ECMAScript, el cual fue desarrollado en 1996, con inspiración en lenguajes como Java y C.

Este lenguaje es un estándar dentro de los navegadores porque todos poseen un motor de intérprete para él, que les permite ejecutar las instrucciones de los programas creados en JavaScript.

1.3 ¿DÓNDE APRENDER TODO ESTO?

El punto de partida en el cual te basarás para adquirir o reforzar conocimientos en uno o más de los temas mencionados es el sitio web RedUSERS Premium: **https://premium.redusers.com**. Con la experiencia y las décadas de evolución del ecosistema de la información, RedUSERS Premium cuenta con manuales, e-books y guías necesarias para potenciar tu conocimiento básico y así entender a la perfección esta obra.

1.3.1 C#

RedUsers Premium te ofrece la posibilidad de aprender C# de forma completa, en su obra **C# Guía total del programador**. Podrás ver conceptos iniciales del lenguaje, desde la forma en la que se declaran variables y la manera de realizar programas básicos; hasta conceptos mucho más avanzados, como la programación orientada a objetos.

Si te sientes listo para iniciarte en temas mucho más complejos del lenguaje, puedes continuar con **C# Avanzado**, una obra orientada a aquellas personas que deseen ver a fondo todas las características de C#.

Figura 1.3. C# La guía total del programador.   **Figura 1.4.** C# Avanzado.

1.3.2 HTML, CSS y JavaScript

Puedes aprender sobre HTML en alguna de las obras que RedUSERS Premium te ofrece:

Figura 1.5. *HTML* en RedUSERS.

CSS es un lenguaje orientado al estilo y el diseño, y puedes aprenderlo en conjunto con HTML en RedUSERS Premium:

Figura 1.6. *CSS* en RedUSERS.

El lenguaje de programación de la Web es uno de los más demandados en la actualidad, y RedUSERS tiene varias entregas que te serán útiles para aprenderlo, tanto si ya tienes conocimientos como si partes desde cero.

Figura 1.7. *JavaScript* en RedUSERS.

1.3.3 SQL

Si deseas comenzar a estudiar sobre SQL y cómo implementarlo, puedes aprovechar la obra Programador Web Full Stack, en su entrega 14, donde se ve MySQL.

Figura 1.8. *MySQL* en RedUSERS.

1.4 ACTIVIDADES

A continuación, se presentan las preguntas que deberías saber responder para considerar aprendido el capítulo.

1.4.1 Test de autoevaluación

1. ¿Para qué se puede utilizar ASP.NET?

2. ¿Qué empresa lo desarrolló y mantiene?

3. ¿Qué tecnologías usa?

4. ¿Qué lenguajes se recomiendan conocer para estudiarlo?

5. ¿Qué lenguaje principalmente utiliza ASP.NET?

6. ¿Qué paradigmas conoces que soporte C#?

ASP.NET – RAZOR PAGES

En este capítulo se hará una introducción al ecosistema de desarrollo de aplicaciones para la Web de Microsoft, ASP.NET, un entorno de trabajo que ha sido la apuesta, durante años, de una de las empresas más importantes del mundo del software.

2.1 CONCEPTOS IMPORTANTES

Desde el lanzamiento del sistema operativo Windows, Microsoft se ha convertido en una de las empresas de software más relevantes del mundo. Y además de destacarse por sus sistemas operativos y programas, ha sido clave por tener un ecosistema de desarrollo de aplicaciones y sistemas web muy interesante y en constante avance.

El mundo del software siempre está cambiando, y muchas empresas intentan destacarse con distintas alternativas, lenguajes de programación, **frameworks**, librerías o entornos de desarrollo completos. Ante el avance de ecosistemas muy populares, como Java (lanzado por Oracle) o Android (creado por Google), por mencionar solo algunos, Microsoft se ha planteado combatir en el ámbito del desarrollo de aplicaciones web con .NET, y para ser más precisos, con ASP.NET.

ASP.NET es un entorno que permite a los desarrolladores crear todo tipo de sistemas con orientación a la Web dentro del framework .NET. Este es un entorno de trabajo de código abierto creado por Microsoft para el desarrollo de distintos tipos de aplicaciones.

Para comenzar a trabajar con esta tecnología, se recomienda tener conocimientos sobre el lenguaje de programación **C#** o sobre **Visual Basic**, además de conocer sobre bases de datos y, al menos, manejar los conceptos básicos sobre el lenguaje universal de acceso a datos **SQL**. Si deseas aprender los lenguajes de programación C# y Visual Basic, y la manera de trabajar con ellos dentro del **framework** .NET, puedes leer la entrega 3 de Desarrollador .NET en este enlace:

https://premium.redusers.com/reader/03-desarrollador-net.

ASP.NET está pensado para la programación, desde sitios pequeños, hasta aplicaciones a gran escala. Se lanzó al mercado en 2002 junto con el **framework** .NET, como sucesor de **Active Server Pages** o ASP Classic.

Por lo general, se lo utiliza con Visual Basic .NET, sucesor de Visual Basic, y C#, aunque también presenta soporte para otros lenguajes de manera nativa y en formato interoperabilidad (**Figura 2.1.**).

Figura 2.1. ASP.NET es la tecnología de Microsoft para desarrollo en la Web.

Una de las principales cuestiones para tener en cuenta al empezar a aprender una nueva tecnología, ya sea un lenguaje de programación o un entorno completo, es su uso a nivel global, es decir, su demanda dentro del mercado. En la actualidad, C# es el quinto lenguaje de programación más usado de acuerdo con el índice TIOBE, que marca la popularidad y la demanda de los lenguajes de programación, además de estar en constante crecimiento.

ASP.NET permite la creación de todo tipo de sistemas web, desde aplicaciones sencillas, hasta **APIs**, sistemas complejos y a gran escala. Razor Pages es una alternativa muy interesante dentro de este ecosistema, ya que permite desarrollar páginas web de manera sencilla y rápida, con posibilidad de interactuar con código del servidor, lo que genera sitios dinámicos y, a la vez, muy escalables.

Razor representa una de las cuatro formas de proyectos que ofrece ASP. NET, acompañado por ASP.NET MVC, ASP.NET Blazor y ASP.NET API. Cada uno de ellos está orientado a un tipo de arquitectura en particular, pero al mismo tiempo, pueden coexistir dentro de un mismo sitio o sistema. Las cuatro arquitecturas utilizan el framework ASP.NET Core, un entorno de trabajo que permite desarrollar aplicaciones multiplataforma; esto quiere decir que con cualquiera de las cuatro arquitecturas puedes crear aplicaciones que corran en entornos Windows, Mac o, también, Linux, mediante el SDK .NET.

El kit de desarrollo o SDK .NET es un conjunto de librerías necesarias para compilar y ejecutar las aplicaciones creadas en .NET; podrás instalarlo siguiendo los pasos que se indican en esta obra. Este kit te permitirá desarrollar bajo un IDE como Visual Studio o con cualquier otro editor de texto, utilizando una terminal y los comandos que proporciona, conocido como **CLI** o **Command Line Interface** de .NET.

Años atrás, la forma más popular de crear sitios web sencilla y rápidamente, bajo el framework .NET, era utilizando Web Forms. Razor Pages es una opción más moderna y completa que viene a suplantar a la anterior, ya en desuso y que Microsoft no actualizará; solo dará soporte de seguridad, debido a su condición de obsoleta. Razor es la parte de ASP.NET que permite trabajar de forma cómoda con páginas web simples y rápidas, cuando se necesita crear un sitio poderoso, pero a la vez, sencillo; esa es su principal función.

Para usar Razor Pages en ASP.NET, es necesario contar con conocimientos, aunque sean básicos, de C#, y tener el IDE de Microsoft Visual Studio en su versión community, que puede descargarse sin costo desde su página oficial, en *https:// visualstudio.microsoft.com/es*. Además, precisas el SDK .NET 5.0, una herramienta que se utiliza para la creación y prueba de proyectos generados bajo el **framework** .NET. Puedes descargarlo desde el siguiente link: *https://dotnet.microsoft.com/ download/dotnet/5.0*.

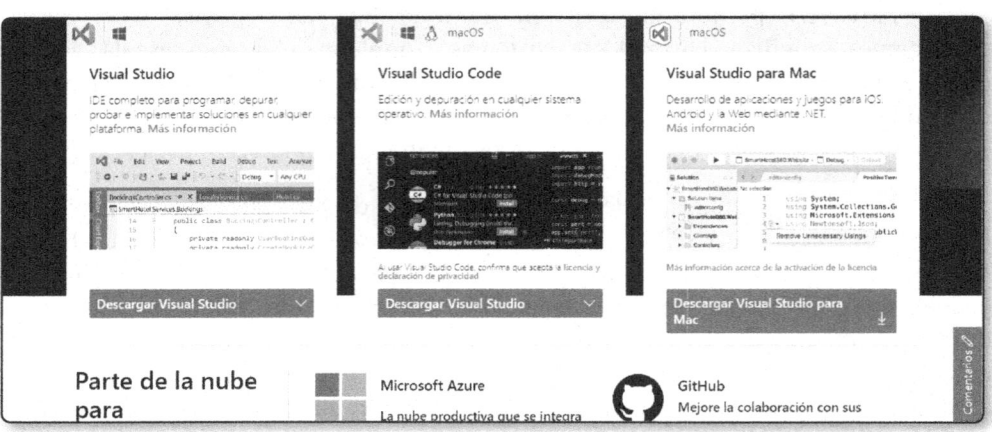

Figura 2.2. Visual Studio puede descargarse desde la página oficial de Microsoft.

Para instalar Visual Studio, solo es necesario ingresar en la página correspondiente y descargar su versión community. Este IDE es reconocido por ser uno de los entornos de desarrollo más completos del mercado, con la posibilidad de usarlo con herramientas como **Azure**, **GitHub**, **Git**, Unity, y soporte para lenguajes como **Python**, **C#**, **F#**, **R**, **JavaScript**, entre otras herramientas muy interesantes. Se encuentra disponible tanto para Windows como para Mac OS. Como desventaja, puede mencionarse que su consumo de recursos es más elevado que si se usaran otras alternativas.

Dentro del mismo ecosistema se encuentra Visual Studio Code, un editor de texto que Microsoft lanzó como opción ligera, mucho más portátil y versátil. Brinda la posibilidad de instalar distintas herramientas, conocidas como **plugins**, que el desarrollador puede agregar o quitar, lo que evita gastar en recursos innecesarios. Visual Studio Code representa una alternativa compacta para aquellos que tengan ordenadores menos poderosas o para quienes ya usen este editor con soporte para muchísimos lenguajes. Es gratuito y está disponible para Windows, Mac OS y Linux.

2.2 INSTALACIÓN

Para comenzar a trabajar con ASP.NET, solo necesitas dos herramientas básicas: Visual Studio en su versión community y el SDK .NET; si luego lo deseas, puedes instalar más complementos que te ayudarán a desarrollar aplicaciones más complejas.

PASO 1

Comienza por descargar el IDE desde su página oficial y ejecuta el archivo que el sitio provee; aparecerá la pantalla que ves en la imagen. La instalación de Visual Studio te permitirá elegir entre distintas herramientas de desarrollo muy variadas.

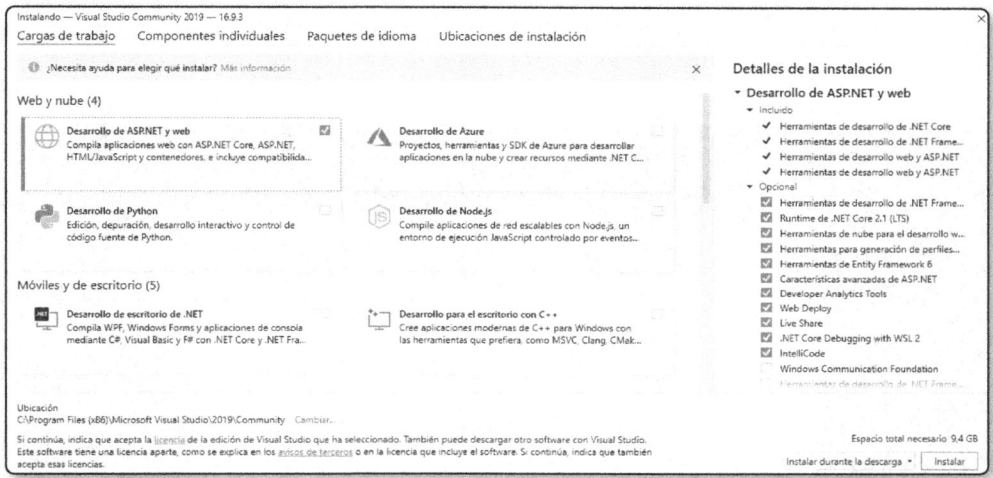

PASO 2

Para trabajar con ASP.NET en Visual Studio, no es necesario tener instalados todos los paquetes que el asistente de la instalación ofrece al usuario; basta con tener activada la casilla de Desarrollo de ASP.NET y Web, como muestra la imagen.

Una vez instalado Visual Studio, la herramienta de preferencia para esta entrega, debes instalar el SDK .NET, actualmente en su versión 5.0. Puedes descargarlo desde *https://dotnet.microsoft.com/download/dotnet/5.0*.

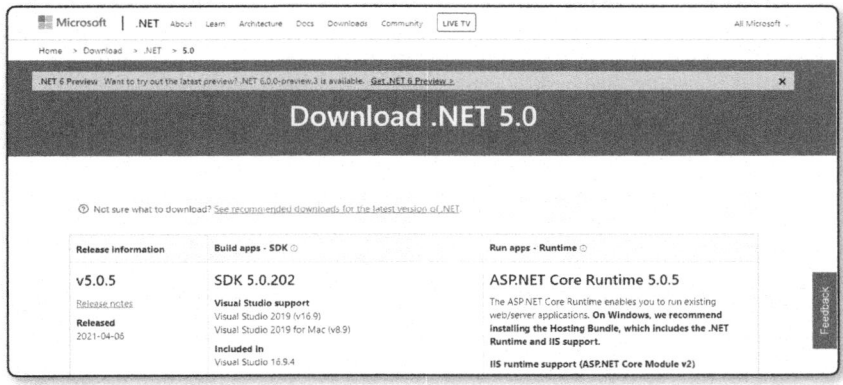

PASO 3

La instalación es bastante sencilla y, en pocos pasos, permite iniciar rápidamente proyectos ASP.NET de todo tipo. Una vez instaladas ambas herramientas, inicia Visual Studio para comenzar con el primer proyecto de Razor Pages.

El SDK .NET se instala fácilmente ejecutándolo luego de descargarlo, sin ningún requerimiento extra.

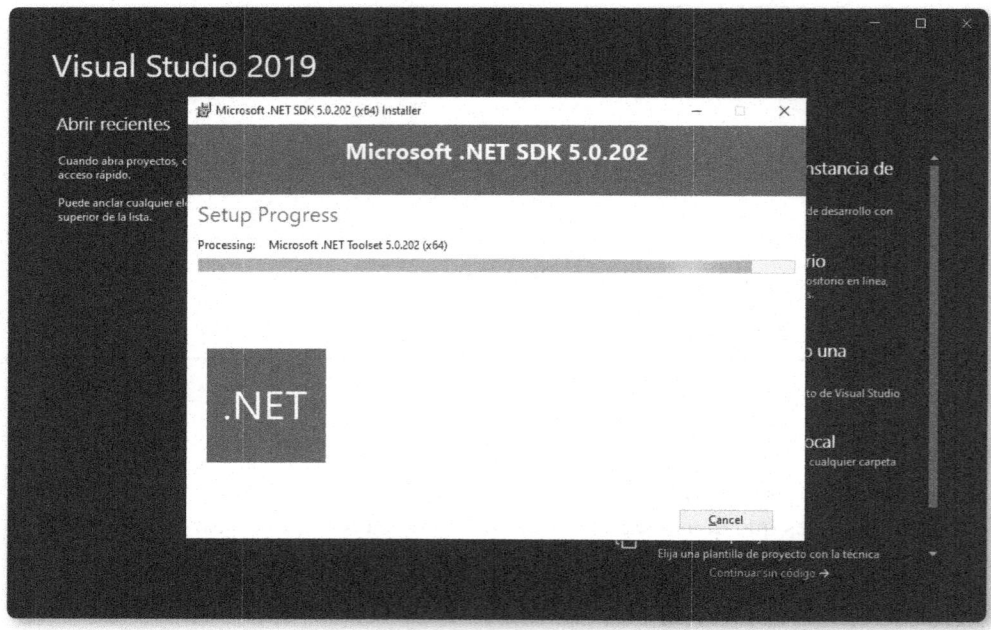

PASO 4

Para realizar este procedimiento, el IDE de Microsoft te guiará por una serie de pasos. En primer lugar, una pantalla de bienvenida te preguntará si deseas crear un proyecto nuevo o trabajar con otras opciones, como abrir un proyecto existente, trabajar con repositorios, y más. Para comenzar desde cero, selecciona **Crear un proyecto**.

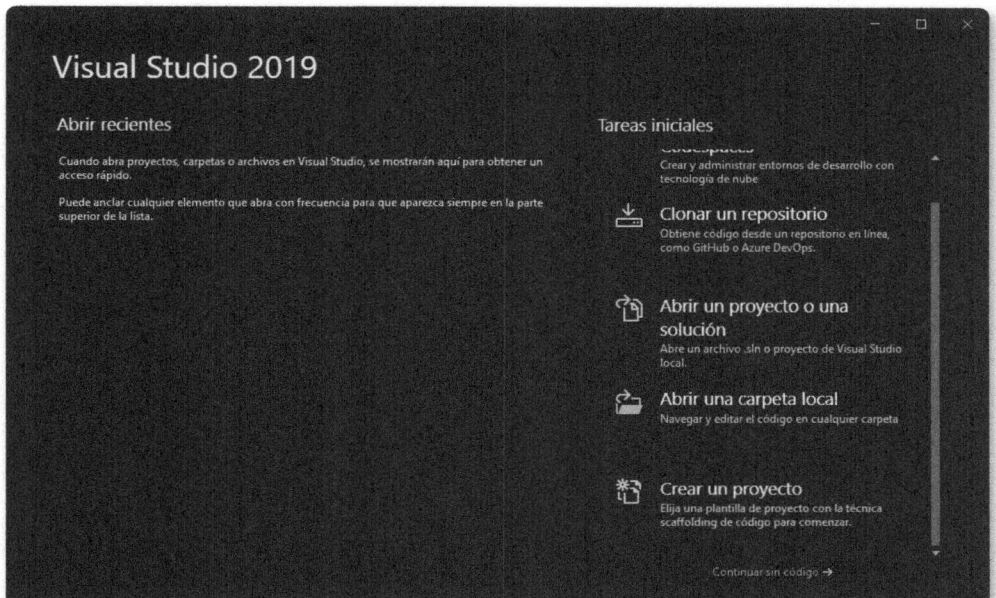

PASO 5

Para este primer proyecto de Razor, tendrás que abrir Visual Studio y seguir algunos pasos.

Apenas se inicie, se abrirá un asistente que te preguntará qué deseas hacer: **Conectarse a instancias remotas**, **Clonar un Repositorio**, **Abrir un proyecto o solución**, **Abrir una carpeta local** o **Crear un proyecto**. Selecciona **Crear un proyecto**. En la siguiente pantalla, elige el tipo de proyecto con el que vas a trabajar. Para crear un proyecto de Razor, es necesario seleccionar **Aplicación Web de ASP. NET Core**.

Como se explicó antes, un mismo proyecto puede coexistir con distintas arquitecturas, como MVC, API o Razor, sin ningún problema, dado que la misma aplicación puede ser modular y contener partes distintas. Por el momento, para crear un proyecto y trabajar con Razor, selecciona esta opción y presiona en **Siguiente**.

PASO 6

Antes de crear el proyecto, Visual Studio te solicitará que elijas el SDK correspondiente a la versión que tengas instalada.

El IDE te permitirá elegir entre distintas versiones del SDK, así como también si quieres crear el repositorio junto con la solución en la misma ubicación, algo que te ahorrará mucho tiempo de configuración de cara al futuro.

También te preguntará si deseas instalar el certificado HTTPS, que te permitirá trabajar con conexiones seguras y encriptadas desde que comiences a desarrollar.

Esto es algo que no está presente en muchos entornos de desarrollo, de modo que presenta una ventaja muy interesante para ASP.NET.

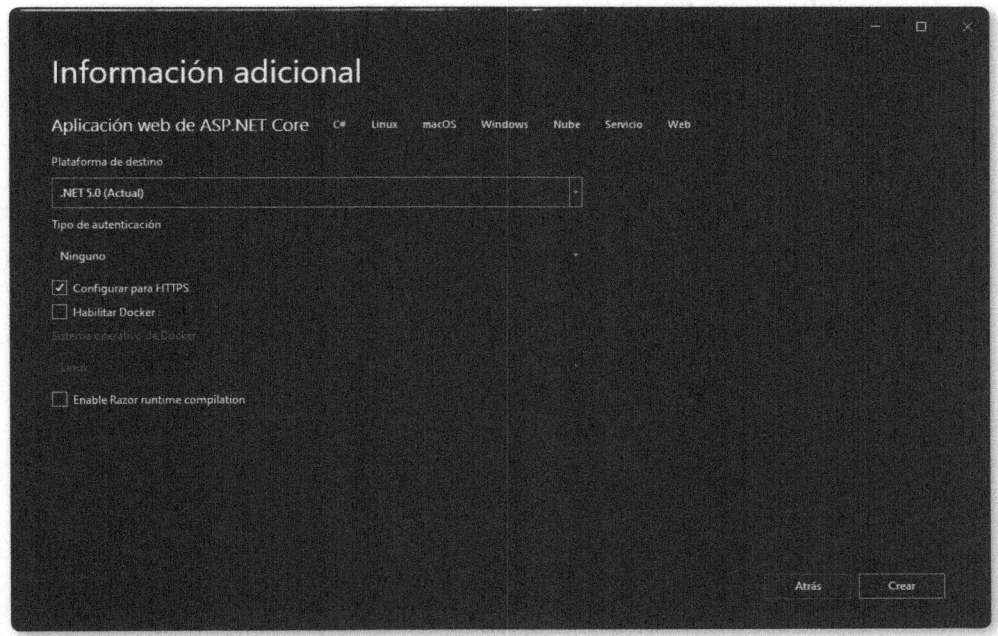

Si has instalado la última versión del framework .NET, que al momento de escribir este libro es la 5.0, selecciónala en la lista y luego presiona en **Crear**. Dentro de esta última ventana, el IDE ofrece una configuración por defecto bastante interesante y útil para tus primeros proyectos. Además de la versión del SDK, puedes elegir el tipo de autenticación, lo que será útil para proyectos avanzados en los cuales necesites seguridad a la hora de manipular usuarios. La configuración para HTTPS viene activa por defecto, y permite que el servidor de pruebas se ejecute con SSL, algo práctico para manipular datos sensibles. El IDE también tiene soporte para **Docker**, una plataforma destinada a empaquetar aplicaciones para que su despliegue sea mucho más sencillo. Por último, la opción **Razor runtime compilation** te permitirá guardar cambios en tu aplicación a medida que esta se ejecuta, para no detener el programa y volver a lanzarlo para ver los cambios.

Luego de unos momentos, Visual Studio creará un proyecto web y, dentro del editor, podrás ver las distintas carpetas y ficheros que este posee.

2.3 ESTRUCTURA DE UN PROYECTO

Siempre que se comienza a trabajar con una nueva tecnología, sobre todo dentro del mundo del desarrollo, es una buena práctica empezar viendo las diferentes partes que lo componen, es decir, cómo está diseñada su arquitectura entre directorios y ficheros.

La creación de un proyecto web de ASP.NET genera una aplicación con una pequeña plantilla, comúnmente llamada **template**, con la cual puedes comenzar a interactuar. Si seguiste el paso a paso anterior, a la derecha verás el explorador de soluciones con el proyecto que acabas de crear.

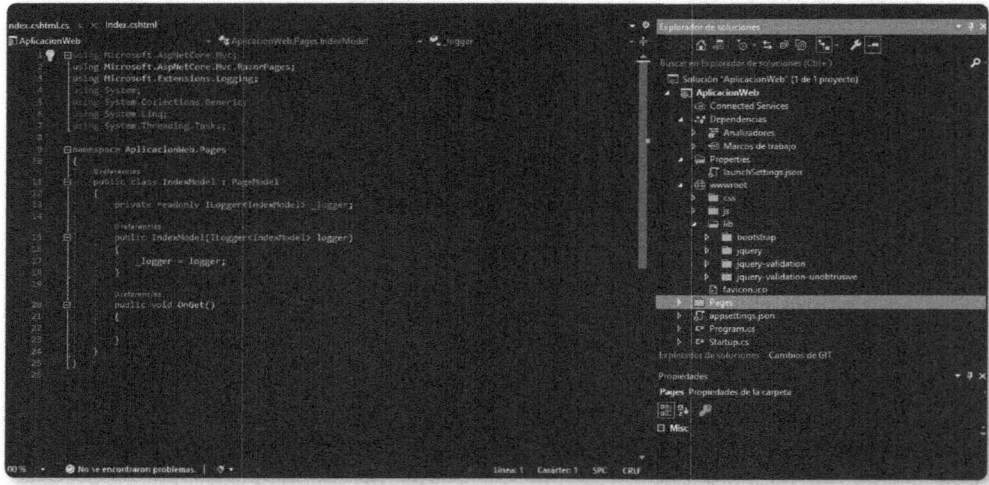

Figura 2.3. Un proyecto web de ASP.NET nuevo suele verse de esta forma.

ASP.NET es un entorno que funciona con C#, y como muchos de los **frameworks** y lenguajes actuales más populares en el mercado, se trabaja con programación orientada a objetos. El proyecto contiene distintas clases que se utilizan para configurar el proyecto, iniciarlo, conectarlo con distintos programas (como motores de bases de datos) e iniciar las plantillas, entre muchísimas otras opciones.

2.3.1 Raíz del proyecto/archivo Startup.cs

Una de las clases más importantes del entorno ASP.NET está en la raíz del proyecto, en el archivo **Startup.cs**.

Este posee en su interior una clase denominada como el nombre del archivo, junto con su método constructor, que es llamado cuando el proyecto se inicia y se pone en funcionamiento.

De la misma manera en que un programa de escritorio necesita iniciarse, los proyectos ASP.NET también necesitan de un comando que los inicia, para poder visualizarlos en el navegador. Verás en detalle cómo se realiza esta tarea más adelante en este capítulo.

Si prestas atención a la clase **Startup**, en su método constructor, encontrarás una instancia de la interfaz **IConfiguration**. Visual Studio te permite visualizar estas clases, que son parte del framework .NET.

2.3.2 Archivo Program.cs

Además de estos archivos, en la raíz del proyecto encontrarás también la clase **Program**, que tiene una llamada al método **public static void Main**, encargado de lanzar o ejecutar el programa:

```
public class Program
{
    public static void Main(string[] args)
    {
    CreateHostBuilder(args).Build().Run();
    }
...
}
```

2.3.3 Archivo appsettings.json

También encontrarás un archivo con extensión **json**, referente a la configuración del proyecto, el cual no es necesario que edites, ya que solo se encarga de configuraciones para el host y el servidor de pruebas.

2.3.4 Carpeta Pages

Dentro del proyecto, hay una carpeta llamada **Pages**, que almacena todos los archivos **cshtml** del proyecto, es decir, todas las vistas o código que va a renderizarse a HTML para ser enviado al navegador luego de compilarse. Los archivos **cshtml** son archivos con lenguaje de marcado **HTML** estándar, pero además, permiten el uso de directivas y código C#, algo muy útil para separar la lógica de la aplicación, de la parte visual. Este es un concepto conocido como modularización, y su objetivo es crear aplicaciones mucho más escalables, fáciles de mantener y de entender por una persona.

Como podrás ver, el proyecto cuenta con cinco archivos **cshtml**, de los cuales tres —**Index**, **Privacy** y **Error**— son renderizados en la aplicación.

Estos tres archivos, además de contener el código **HTML** de las vistas, funcionan bajo un sistema de herencia de vistas. Verás este tema en detalle más adelante. Además, cada vista requiere de una clase que funciona como gestor de las peticiones que se le hacen a la aplicación.

2.3.5 Carpeta wwwroot

Volviendo a la raíz del proyecto, hay otra carpeta, llamada **wwwroot**, que contiene todos los archivos y carpetas pertenecientes a las librerías necesarias. Como la mayoría de los entornos de trabajo para desarrollar aplicaciones web, no se acostumbra escribir desde cero todo el código **HTML**, **CSS** y **JavaScript**, sino que se recurre a distintas librerías que agilizan este trabajo. En el caso de ASP.NET, las librerías por defecto son **Bootstrap**, como librería de CSS y JavaScript; y **JQuery** para **JavaScript**. El código de ambas está dentro de este directorio y, en caso de utilizar nuevas librerías o cualquier tipo de archivos con material estático (como CSS o imágenes, entre otros), lo normal sería colocarlas dentro de este. También es importante aclarar que todo lo que se ubique en esta carpeta, al momento de publicar o desplegar el sitio a producción, será colocado en la raíz del sitio, con lo cual las llamadas a estos archivos pueden hacerse de manera más sencilla, un procedimiento que pronto verás en detalle.

2.3.6 Carpeta properties

Por otro lado, la carpeta **Properties** solo contendrá otro archivo con extensión **json** que será utilizado para configurar la ejecución de la aplicación; en la carpeta **dependencies** se encontrarán llamadas a los componentes de ASP.NET Core y sus dependencias.

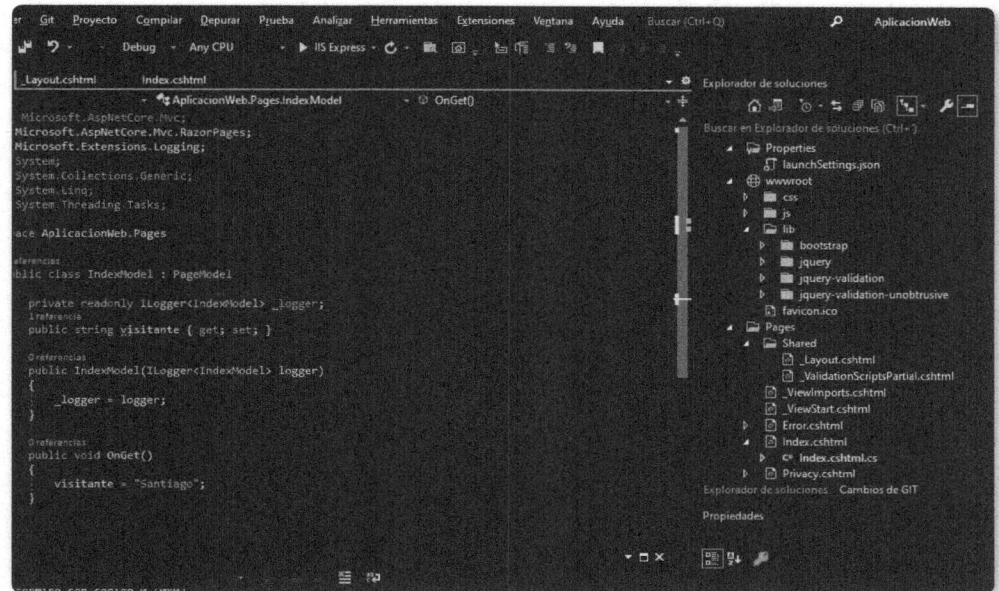

Figura 2.4. Podrás observar que ASP.NET está fuertemente orientado a objetos.

Una vez analizada la estructura del proyecto general, es momento de lanzarlo y ver el proyecto básico que ASP.NET generó como plantilla de trabajo. Para esto, Visual Studio implementa herramientas de compilado que trabajan en conjunto con el SDK. En la parte superior del editor verás una sección dedicada a la depuración y el lanzamiento. La opción más sencilla es hacer clic en **IIS Express**, lo cual lanzará el proyecto actual en tu ordenador, de forma local y como prueba, para que lo veas en el navegador.

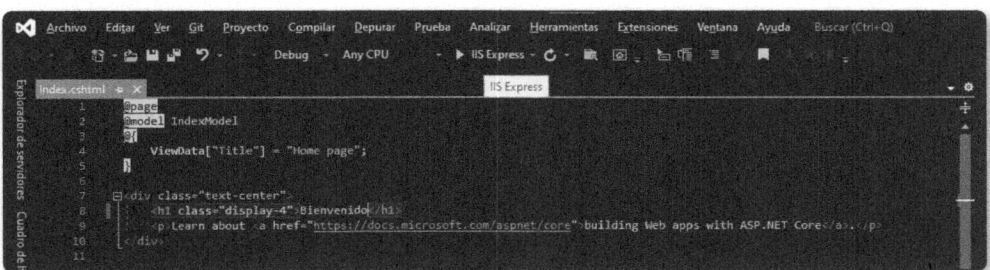

Figura 2.5. Para ejecutar el proyecto, haz clic en el botón verde triangular junto a IIS Express.

Haciendo clic en el botón verde, se lanzará el proyecto y, una vez que termine la compilación, podrás ver la pantalla inicial del proyecto.

Figura 2.6. Luego de abrir el navegador, se presenta la siguiente pantalla.

Como podrás observar, el proyecto es bastante simple y se compone de las vistas que podías ver dentro de la carpeta **Pages**, un **index** (que funciona como página Home o Inicio), una página de privacidad y una de error, que se lanza en el momento en que hay algún tipo de excepción.

Una vez que hayas visto el pequeño sitio de ejemplo, dirígete de nuevo a Visual Studio, detén la ejecución del programa y abre el archivo **Index. cshtml**, para ver su contenido. En su interior hay algo del código que viste en la página Home, aunque no todo; comienza por cambiar el título **<h1>** de la página, por Bienvenido a mi sitio:

```
@{
    ViewData["Title"] = "Home page";
}


<div class="text-center">
    <h1 class="display-4">Bienvenido a mi sitio web</h1>
</div>
```

Debajo verás un elemento **<p>** con un link a un sitio que tiene la documentación de ASP.NET. Reemplaza este texto por otro en español que dé la bienvenida al visitante, por ejemplo, como si fuera un sitio de compras. Una vez hecho esto, vuelve a ejecutar el programa con IIS Express.

Como puedes comprobar, editar contenido estático en Razor Pages no es nada difícil, sino que es igual a editar un archivo **HTML** tradicional; y si deseas trabajar creando una nueva página dentro de tu sitio web, tampoco será nada complicado.

Además de crear proyectos en Visual Studio, el SDK de Microsoft del framework .NET te permite utilizar otros **IDEs** y editores de código de tu preferencia. Para hacerlo, solo necesitas trabajar con la consola de tu sistema, usando comandos, mediante el **CLI** de .NET Core.

Para esto, abre una terminal; si estás trabajando en Windows puedes usar el **CMD**, o si estás en Mac o Linux, usa tu terminal para acceder a una ubicación donde quieras guardar tu proyecto Razor.

Una vez allí, puedes crear un nuevo proyecto de ASP.NET Web con el comando **dotnet new webapp -o ProyectoWeb**; su nombre será **ProyectoWeb**.

Si trabajas con otro editor fuera de Visual Studio, no tendrás acceso a la herramienta de compilación del IDE, por lo que necesitarás un comando que lo haga: **dotnet dev-certs https –trust** te permite instalar el certificado **SSL** en tu nuevo proyecto, para acceder con HTTPS. Si trabajas con el editor de código Visual Studio Code, al presionar **F5** podrás ejecutar el proyecto de ASP.NET y abrirlo en el navegador automáticamente.

2.4 VISTAS Y PLANTILLAS EN RAZOR

Como podrás notar, cuando editaste el archivo **Index.cshtml**, te encontraste con el título **<h1>** del sitio y con un párrafo, pero no estaba el pie de página del sitio, ni tampoco la navegación ni el encabezado, aunque en el navegador sí se estaban viendo.

En esta sección entenderás de qué parte del proyecto sale el código restante que ves en el navegador, pero que no puedes encontrar en el archivo **Index.cshtml**.

Esto se debe a que Razor Pages funciona con un sistema de plantillas que permiten la reutilización de código en las vistas. Esta es una ventaja bastante importante, ya que, a la hora de editar código que está en todas las páginas, solo habrá que hacerlo una vez. Para cambiar el encabezado en todas las páginas, tienes que dirigirte a la carpeta **Pages** y, dentro de la carpeta **Shared**, buscar el archivo **_Layout.cshtml**.

Allí se encuentra el código compartido por los demás archivos **cshtml**, funcionando como un sistema de herencia.

Dentro de **_Layout.cshtml**, verás el código de la barra de navegación superior creada con **Bootstrap**, la librería de CSS que ASP.NET utiliza por defecto. Si conoces esta librería, puedes tratar de modificar las partes que están creadas para que se vean como lo desees.

2.4.1 Editar la navegación por defecto del proyecto

Dentro de la navegación, verás una lista **HTML** desordenada, **<ul>**; y en su interior, dos **<li>** que funcionan como links a las distintas páginas. El primero contiene un **Home**, y el otro, **Privacy**. Comienza reemplazándolos por Inicio y Privacidad:

```
<li class="nav-item">
<a class="nav-link" asp-area="" asp-page="/Index">Inicio</a>
</li>

<li class="nav-item">
<a class="nav-link" asp-area="" asp-page="/Privacy">Privacidad</a>
</li>
```

Si vuelves a compilar la aplicación, verás este resultado aplicado no solo a la página principal, sino también a **Privacy** y a cualquier nueva página que generes.

Imagina que estás creando un sitio con múltiples páginas en su interior. Modificar cada una sería una tarea muy tediosa y poco eficiente, por lo cual la herencia de vistas es una ventaja muy poderosa.

Para lograr este sistema de herencia, se utiliza código C# Razor. Si miras dentro del código de **_Layout.cshtml**, verás que, dentro del elemento **<main>**, se colocó este código:

```
<main role="main" class="pb-3">
    @RenderBody()
</main>
```

Esta es una directiva Razor para indicar que las demás vistas que incluyan esta vista, o que hereden de ella, renderizarán su contenido en esta sección, dentro del elemento **<main>**.

Sin embargo, para renderizar una vista, ASP.NET hace uso de clases que se encargan de manipularlas. Para separar código C# del código de las vistas lo máximo posible, cada página tiene una clase que se encarga de trabajar en conjunto. Si estás trabajando en Visual Studio, puedes hacer clic en la flecha junto al nombre del archivo **Index.cshtml**, y verás que se despliega otro archivo por debajo, **Index.cshtml.cs**; al abrirlo, podrás notar que se trata de una simple clase en C#.

Esta clase se llama **IndexModel** y hereda de la clase **PageModel**, parte del núcleo ASP.NET; en su interior, puedes trabajar todo tipo de código C# que se ejecutará en distintos momentos de la aplicación. Por ejemplo, la clase tiene un constructor, lo que significa que, al ser instanciada, ejecutará el código que tiene dentro de su método constructor. También posee un método llamado **OnGet()**, encargado de realizar algún trabajo en el momento en que se hace una petición GET a la ruta de esta vista.

También es posible trabajar con información creada en el Modelo de la página web. Dentro de la clase **IndexModel**, puedes realizar cualquier tipo de tarea en C# y renderizar esa información dentro de la vista. Por ejemplo, crea un campo de clase llamado visitante, dentro de **IndexModel**, y luego dirígete al método **OnGet()**. Dentro del método, asígnale a la variable el valor que te guste más; puede ser un nombre o un dato similar:

```
public class IndexModel : PageModel
{
    public string visitante { get; set; }

    public void OnGet()
    {
        visitante = "Santiago";
    }
}
```

Ahora, puedes utilizar esta información dentro de la plantilla **Index.cshtml**, llamándola mediante una directiva o código Razor, de la siguiente forma:

```
<h1>Bienvenido a mi sitio web, @Model.visitante</h1>
```

Así, si ejecutas una vez más la aplicación, verás que se realiza un saludo con el nombre que hayas elegido. Pero por supuesto, esto es solo el comienzo de lo que puedes hacer.

Crea un nuevo campo de clase de tipo **string**, con sus métodos accesorios, y dentro, el método **OnGet()**; asígnale el siguiente valor:

```
public string fecha { get; set; }

public void OnGet()
{
    public string visitante = "Santiago";
    fecha = DateTime.Now.ToString();
}
```

Ahora necesitarás acceder a la vista **Index.cshtml** para trabajar con el valor. En este punto, le has dado métodos accesorios a la propiedad **fecha**, para luego, al momento de una petición **GET**, colocarle la fecha y hora actuales.

En la vista, agrega el siguiente código:

```
<p>La fecha y hora es: @Model.fecha</p>
```

De esta manera, el resultado cambiará dependiendo del horario y el día en que un visitante ingrese al Home de tu sitio web. El resultado debería ser similar al que muestra la imagen:

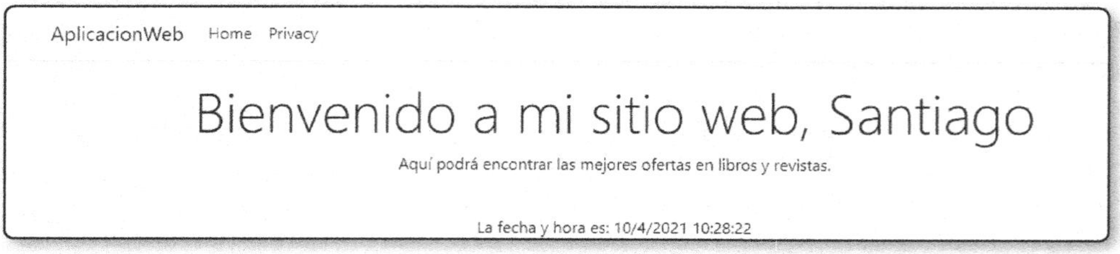

Figura 2.7. Ahora el index muestra la fecha y la hora actuales.

También puedes trabajar con esta información para que sea mucho más legible para el usuario. Por ejemplo, puedes dar formato a la fecha y hora con el método **ToString()**, pasándole como parámetro **"dd-MM-yyyy"**. Esto devolverá día, mes y año completo al visitante:

```
<p>El día de hoy es: @Model.fecha</p>
```

También es posible trabajar con estructuras más complejas, como Colecciones, para obtener sus valores, modificarlos y eliminarlos, como si usaras C# normalmente. Dentro de la clase **IndexModel**, define una propiedad pública nueva de tipo **List**, que contenga datos de tipo **string**; llámala **visitantes**.

Dentro del método **OnGet()**, asígnale objetos **string** en su interior con el método **Add**, de la siguiente forma:

```
public List<string> visitantes = new List<string>();

public void OnGet()
{
    visitantes.Add("Matias");
    visitantes.Add("Micaela");
    visitantes.Add("Andres");
    visitantes.Add("Marta");
```

```
    }
```

Una vez hecho esto, utilizarás una directiva Razor para acceder a los valores de esta lista. Dentro de la plantilla **Index.cshtml**, crea el siguiente código:

```
<div class="card">
    <h3 class="card-header">Visitantes:</h3>
    <ul>

    </ul>
</div>
```

Si conoces un poco sobre **Bootstrap**, sabrás que esto te ayudará a crear una pequeña tarjeta en tu página que albergue contenido. Dentro de la lista **<ul>**, coloca la directiva **@foreach** para trabajar con el bucle, de la misma manera en que lo harías en cualquier clase C#:

```
    <h3 class="card-header">Visitantes:</h3>
    <ul>
    @foreach (var i in Model.visitantes)
    {
        <li>@i</li>
    }
    </ul>
</div>
```

Esto te permite acceder a cada uno de los valores de la lista, recorriéndola y mostrándolos dentro de una lista **HTML** desordenada. Aunque existen directivas que permiten realizar operaciones como esta de manera más eficaz, es una forma válida para acceder en las vistas a los valores de objetos que definas dentro de tu clase C#.

Figura 2.8. El proyecto final se vería similar a este.

Como puedes apreciar, Razor te permite trabajar con un proyecto creado desde cero con el entorno .NET, de manera rápida y con muy poco esfuerzo, por lo que resulta una herramienta muy útil si deseas crear páginas web con código en C#, y mantener una estructura organizada y escalable. En los próximos capítulos, aprenderás a trabajar más en profundidad con vistas, modelos y acceso a datos, entre muchísimas otras cosas.

2.5 ACTIVIDADES

A continuación, se presentan las preguntas y los ejercicios que deberías saber responder y resolver, para considerar aprendido el capítulo.

2.5.1 Test de autoevaluación

1. ¿Qué es ASP.NET? ¿Qué tipos de proyecto existen en ASP.NET?

2. ¿Cuál es la ventaja de usar Razor Pages? ¿Qué ventajas presenta sobre el uso de otras tecnologías?

3. ¿Qué lenguajes soporta ASP.NET?

4. ¿Qué orientación tiene ASP.NET?

2.5.2 Ejercicios prácticos

1. Partiendo de la plantilla que modificaste en el capítulo, agrega una nueva tarjeta debajo de la que muestra los visitantes.

*2. Dentro de la clase **IndexModel**, crea un objeto de tipo fecha y almacena la fecha del día en que estés creando la página Razor.*

*3. Luego, en el método **OnGet()**, crea otro objeto de tipo fecha, que capture la fecha actual.*

*4. Calcula la diferencia de días entre ambas fechas, y muestra el resultado en la tarjeta que creaste dentro de la vista **Index.cshtml**, que indique hace cuántos días se creó la página web.*

3

RAZOR PAGES

En este capítulo comenzarás a trabajar con conceptos más avanzados del framework ASP.NET y utilizarás rutas para definir los distintos módulos o partes de un proyecto o aplicación web.

3.1 RUTAS

El objetivo de comenzar a trabajar con un nuevo proyecto Razor es que comprendas a la perfección cómo funciona una aplicación desarrollada en ASP.NET Core, bajo la arquitectura Razor. En esta ocasión, la aplicación funcionará como un gestor de administración para una empresa, en la cual se necesitan visualizar Empleados, Clientes y Oficinas.

Un concepto muy importante a la hora de trabajar bajo cualquier framework es el de routing, o rutas, en español. Cuando se habla de rutas en desarrollo web, se hace referencia a qué URL será necesario introducir en el navegador para acceder a cada página web de tu proyecto. En este caso, Razor Pages te provee de dos rutas por defecto: el inicio del proyecto y la ruta con detalles de la privacidad. Para acceder a la primera, no es necesario especificar más que la dirección de la página web; en este caso, como estás trabajando en tu ordenador de forma local, localhost:44368/ es la dirección que se toma de manera predefinida. Para acceder a la página de privacidad, debes introducir la ruta **/privacy** luego del dominio.

En muchos entornos de trabajo, se crean enrutadores dentro del proyecto que se encargan de llamar a métodos o clases en archivos externos. Este es el caso de **Django**, el framework de **Python**; o **Angular**, de **JavaScript**. Sin embargo, ASP.NET trabaja de una forma particular a pesar de seguir los mismos patrones de desarrollo, como MVC y Programación Orientada a Objetos. Para definir una ruta, se crean clases, las cuales contienen en su interior el código necesario. Una página web puede tener cientos y cientos de rutas. Por lo tanto, un mismo archivo que defina cada ruta y que, además, se encargue de procesar todas las peticiones y **enrutarlas** a métodos y clases externas, puede volverse difícil de mantener e, incluso, de leer e interpretar para un ser humano. Por esta razón, crear una clase para cada ruta que se coloca en un archivo C# independiente facilita el mantenimiento para el desarrollador y, entonces, se vuelve una alternativa interesante.

Si deseas crear nuevas rutas, Razor te permite hacerlo generando dos archivos. En caso de estar trabajando con Visual Studio, podrás ver que el IDE engloba los archivos relacionados dentro de la carpeta **Pages**. Por ejemplo, si tienes un archivo llamado **Index.cshtml**, Visual Studio lo relaciona con su clase **PageModel**, y los coloca como adjuntos, para verlos de manera más compacta. Si trabajas con otros IDEs o editores de código, es posible que veas cada fichero por separado en el explorador de archivos.

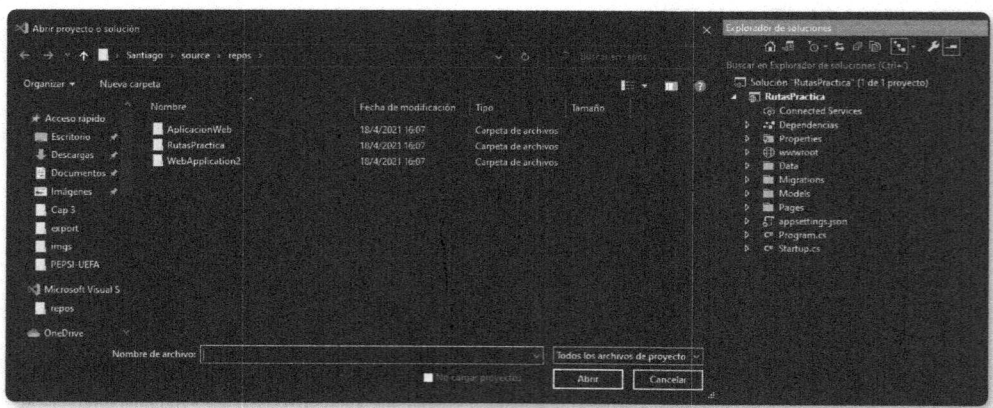

Figura 3.1. Visual Studio ayuda a mantener los proyectos más organizados.

Para comenzar a trabajar con rutas en ASP.NET, crea un proyecto nuevo, de tipo Aplicación Web ASP.NET, con el asistente de Visual Studio, y colócale como nombre **RutasPractica**. Una vez hecho esto, coloca como **SDK** .NET 5.0, habilita el certificado **HTTPS** y haz clic en el botón **Crear proyecto**.

Luego de crear el nuevo proyecto, comenzarás a trabajar generando distintas rutas en la plantilla que ASP.NET Core proporciona. Para esto, despliega la carpeta **Pages** en el explorador de soluciones y haz clic derecho sobre ella. En el menú desplegable, coloca el mouse sobre **Agregar** y, en el menú que se despliega, selecciona la opción **Página de Razor…** para crear una nueva página (**Figura 3.2.**).

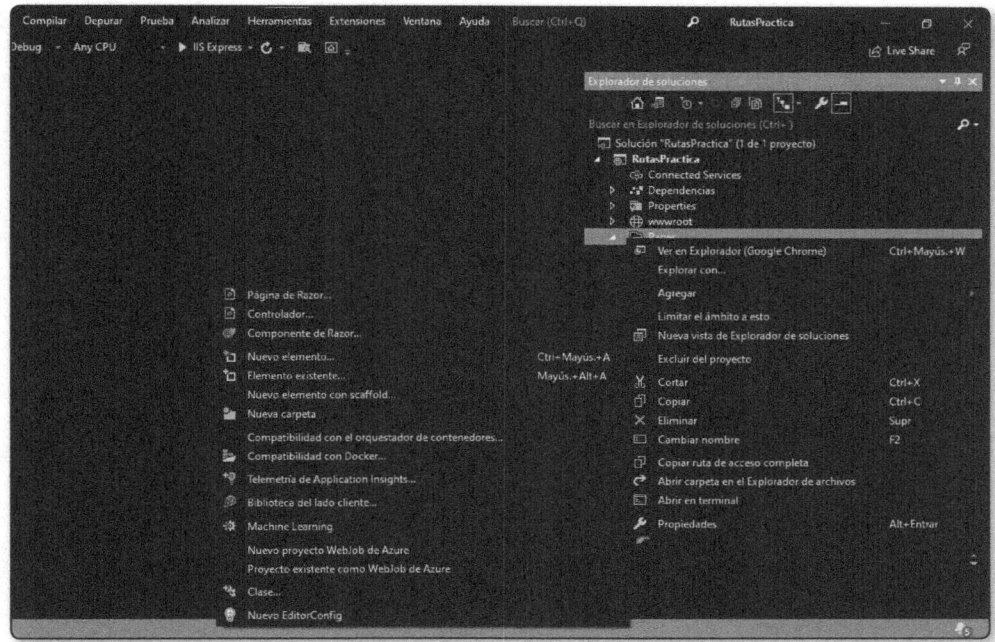

Figura 3.2. Agrega una nueva página Razor con el menú.

En la ventana que se acaba de abrir, coloca la opción **Página de Razor vacía**, y luego haz clic sobre **Agregar**, para avanzar a la última pantalla.

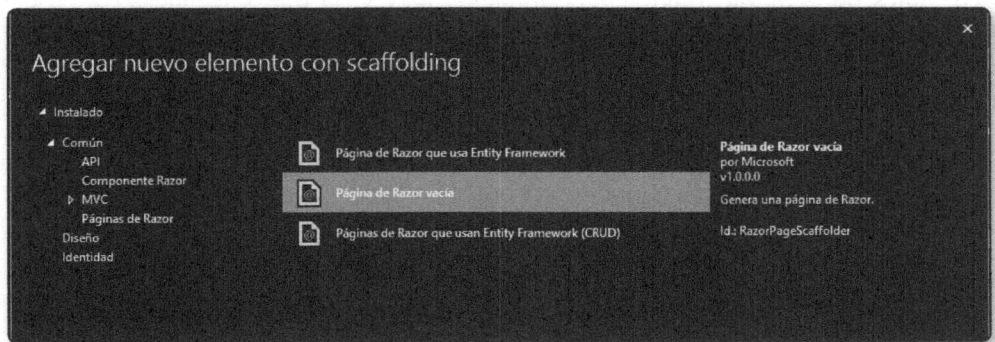

Figura 3.3. Visual Studio permite crear páginas vacías, o componentes que son parte del framework ya listos.

Ahora, en la última pantalla, elige la opción **Página de Razor vacía** que tenga como opción **Visual C#**. Una vez hecho esto, se creará una nueva página en blanco y se abrirá automáticamente su archivo **cshtml** correspondiente. Además, Visual Studio se encarga de crear una clase C# correspondiente a su **PageModel**.

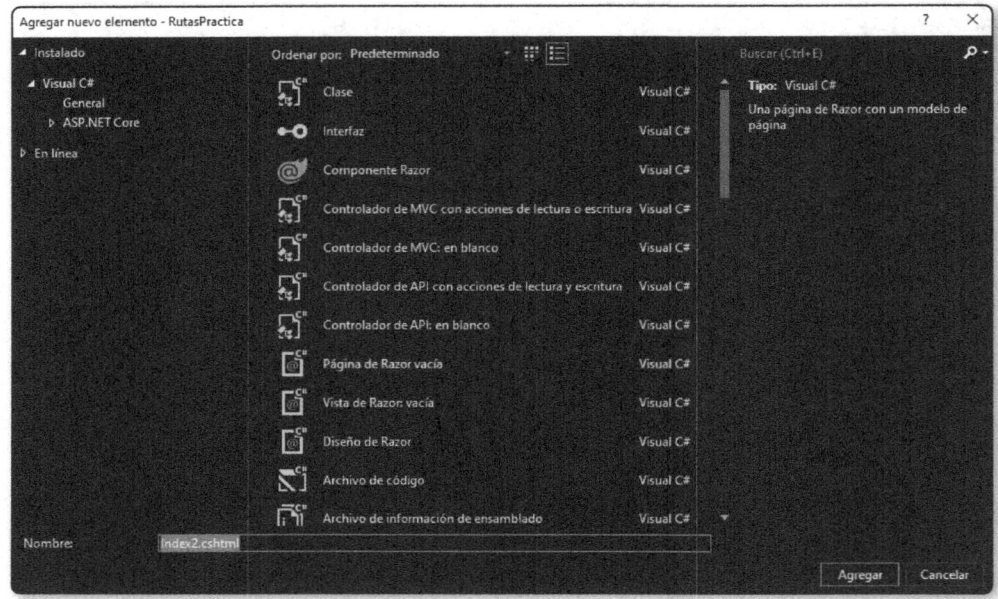

Figura 3.4. Elige una nueva vista Razor vacía de tipo Visual C#.

Dentro de esta nueva página de Razor, comenzarás a colocar contenido. Pero antes de empezar a agregar información a la vista que se renderizará en el navegador, necesitas trabajar la ruta de esta vista, para que una vez que hayas agregado contenido, pueda accederse a él. Por defecto, Visual Studio le da nombre a la nueva vista: Index1 si el archivo **Index** ya existe. Pero es más interesante darle un nombre descriptivo al archivo para utilizarlo como ruta.

Para esto, cambia el nombre al archivo **cshtml** pulsado **F2** o haciendo clic derecho sobre el archivo y colocando **Cambiar nombre**. A este nuevo archivo dale el nombre **oficinas**, y una vez cambiado, ingresa al archivo **Oficinas.cshtml.cs** para ver la clase en su interior.

Al hacer el refactor sobre el nombre de los archivos, se cambiarán tanto el nombre de la vista **cshtml** como el del archivo **cshtml.cs**, pero no, el nombre de la clase. Recuerda que, en C#, y bajo el **framework** .NET, no es necesario que una clase lleve el nombre del archivo que la tiene, aunque se recomienda hacerlo para mantener una mejor organización y respetar los estándares.

```
public class OficinasModel : PageModel
{
    public void OnGet()
    {
    }
}
```

Cambia el nombre de la clase a **OficinasModel** y, luego, dirígete al archivo **cshtml** y cambia la instrucción Razor en la parte inicial del archivo, de la siguiente forma:

```
@page
@model RutasPractica.Pages.OficinasModel
@{
}
```

Ahora, la página llama al modelo correspondiente, la clase C# que acabas de crear.

Debajo de las directivas Razor, coloca un título de la siguiente forma:

```
<h1>Oficinas de la empresa</h1>
```

Ahora, ejecuta la aplicación mediante Visual Studio, con IIS Express, y una vez abierto en el navegador, accede a la ruta **localhost:4432/oficinas**, para ver el título que acabas de crear.

Como puedes notar, no necesitas definir rutas por separado o en algún archivo, sino que alcanza con crear la página Razor con Visual Studio y colocarle el nombre necesario.

El método **OnGet()** se encarga de ejecutar código una vez que se realiza una petición **GET** a esa ruta. Dado que una petición HTTP de este tipo puede enviar información al servidor por medio de la URL, esto te servirá para capturar parámetros y utilizarlos en el código C#.

Sin embargo, para usar estos métodos HTTP, no se requiere usar los métodos **OnGet()** directamente, sino que se deben utilizar las propiedades de la clase. Por lo tanto, crea un campo de clase público llamado **id**, de tipo **integer** en su interior:

```
public class OficinasModel : PageModel
{
[BindProperty(SupportsGet = true)]
public int id { get; set; }

}
```

Por medio de esta propiedad, se está indicando a la ruta que se le puede enviar datos por métodos **GET** y, también, por métodos **HTTP POST**. La anotación **[BindProperty(SupportsGet = true)]** indica que se pueden enviar estos datos por medio de la URL, y si se la quita, solo podrán enviarse por medio de **POST**. Ahora, dentro del archivo **cshtml**, coloca este título:

```
<h1>Oficina de la empresa número @Model.id</h1>
```

Si ejecutas el programa y accedes a la ruta **/oficinas?id=1**, podrás ver cómo accedes a la ruta nuevamente, y en el navegador, se muestra el número de oficina en el título.

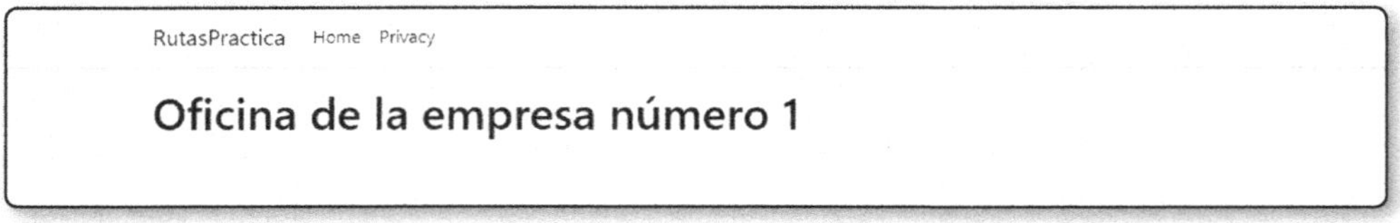

RutasPractica   Home Privacy

Oficina de la empresa número 1

Figura 3.5. El navegador muestra la oficina con el número pasado como parámetro de la URL.

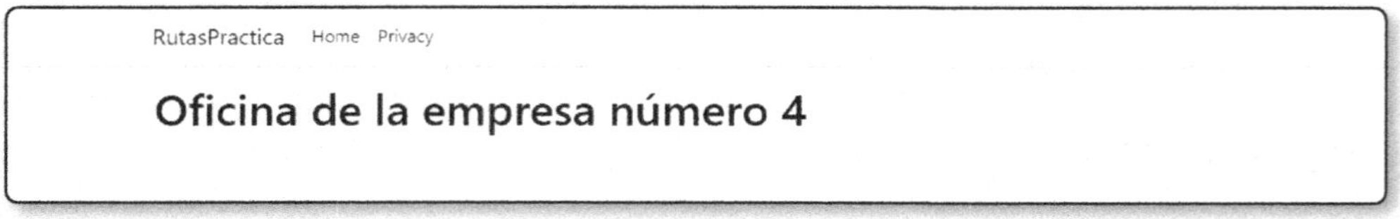

RutasPractica   Home Privacy

Oficina de la empresa número 4

Figura 3.6. Si modificas el parámetro en la URL, también cambiará en el navegador.

Pero es posible que se intente acceder a esta página sin ningún tipo de parámetro. Lo que sucede cuando el usuario ingresa a esta ruta sin enviar parámetros por medio de la URL es que se trata de leer una propiedad nula o vacía. Para verificar esto, se puede realizar una validación en el método **OnGet()**. Como ya se mencionó, este método no se usa directamente para tratar los parámetros que se envían, pero sí puede interactuar con dicha información:

```
public void OnGet()
{
    if(id == 0 ){
        id = 1;
    }
}
```

De esta forma, se verifica si se enviaron parámetros y si fueron almacenados en la variable **id**. De no ser así, se le da un valor por defecto o se puede realizar otro tipo de acción; en este caso, se colocó por defecto el valor 1 para que muestre la información de la oficina 1. Si necesitas verificar si un valor de tipo **string** fue enviado o no a la ruta, en vez de compararlo con 0, como harías con un entero, puedes utilizar el método **String.IsNullOrEmpty()**.

Figura 3.7. En caso de que no se pase un parámetro, la vista se muestra vacía.

También pueden crearse rutas más largas, que agrupen distinta información. Por ejemplo, si se desea mostrar la información de los empleados de una empresa, puede que se generen varias vistas diferentes: una vista que muestre la información de un solo empleado, una que muestre la información de los empleados de un sector en particular y otra que muestre todos los empleados.

Para este caso, puede crearse una ruta similar a **/empleados/index** o **/empleados/contabilidad**, lo cual puede lograrse creando una carpeta dentro de **Pages** y, en su interior, generando una nueva página Razor.

Luego de crear la primera vista dentro de la carpeta Empleados, crea dos páginas de Razor vacías, una llamada **Index** y otra llamada **Contabilidad**. En la primera coloca el siguiente código:

```
@page
@model RutasPractica.Pages.Empleados.IndexModel
@{
}

<h1>En esta sección puede ver a todos los empleados del sistema</h1>
```

Luego, para facilitar la navegación, necesitarás crear un link que te lleve a la ruta **/empleados/contabilidad**, desde dentro de la página **empleados**:

```
<h1>En esta sección puede ver a todos los empleados del sistema</h1>
```

```
<div class="card" style="width: 18rem;">
    <div class="card-body">
        <h3 class="card-title">Empleados de contabilidad:</h3>
      <a
            class="btn btn-light"
        asp-page="/Empleados/Contabilidad">
        Contabilidad
  </a>
      </div>
</div>
```

De esta forma, habrá un link con estilos provistos por la librería **Bootstrap** que llevará a la ruta **Empleados/contabilidad**, donde se puede armar una búsqueda de todos los empleados de ese sector.

Ten en cuenta que, para utilizar los links junto con el enrutador de ASP.NET, tendrás que hacer uso de la propiedad **asp-page**, que te permite definir a dónde te llevará el hipervínculo; tiene un funcionamiento similar a **href**.

Dentro de la página **Contabilidad**, necesitarás colocar un título que indica que se encuentra en la página de empleados de ese sector:

```
<div class="container"><h1>Sector contabilidad</h1>
</div>
```

De esta forma, si inicias la aplicación y, luego, ingresas a la ruta **/empleados**, por medio del hipervínculo accederás a la ruta **/empleados/contabilidad**.

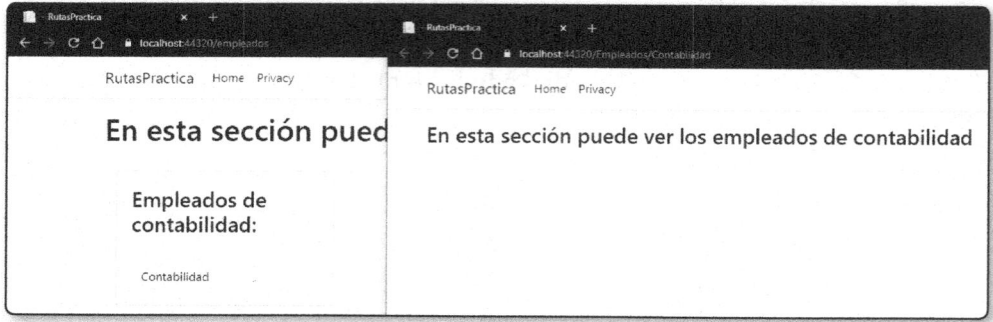

Figura 3.8. La página de empleados permite navegar a otras rutas.

Como puedes ver, no es posible acceder a la página de empleados de contabilidad sin colocar antes **/empleados/**, lo que permite organizar mucho mejor la aplicación.

3.2 DIRECTIVAS RAZOR

Dado que a veces es necesario que las vistas muestren el resultado de código C#, es posible utilizar el sistema Razor para minimizar el código cuanto se pueda y tener archivos más legibles. En esta sección, verás en detalle y teóricamente cómo trabajar con este sistema y en qué situaciones puede utilizarse.

Razor dispone de una serie de directivas o instrucciones que permiten trabajar con el lenguaje C# de modo mucho más minimalista. Ya habrás notado que, en algunos de los archivos en los que estuviste trabajando, los ficheros **cshtml** pueden tener código como el siguiente:

```
@page
@model RutasPractica.Pages.OficinasModel
@{
}
```

Esto permite al programador realizar operaciones simples, como condicionales, uso de variables, bucles, llamadas a clases o a plantillas. Si necesitas crear código básico de C#, puedes usar la directiva @{ }, y a continuación colocar lo que necesites; por ejemplo, la declaración o asignación de una variable:

```
@{ var mensajeBienvenida = "Hola, este es mi sitio en Razor"; }
```

Esto es similar a trabajar dentro de una clase C# o de un método **public static void Main**, en el cual se pueden realizar todo tipo de operaciones.

Para crear un condicional dentro de Razor, solo necesitas utilizar la directiva anterior y colocar un tipo de condicional en su interior:

```
@{
    var miNumero = 5;
    if(miNumero == 5){
        //condición a ejecutarse
    }
    else{
        //condición en caso negativo
    }
}
```

Esta sería una forma tradicional y válida de trabajar con el clásico **if else**. Sin embargo, Razor lleva esto un poco más allá, al permitirte interactuar con el lenguaje **HTML** directamente. Imagina que deseas mostrar un código **HTML** u otro dependiendo de una condición. Podrías creas algo similar a esto:

```
@if( ultimoVisitante == "Santi" )
{
    <p>El ultimo visitante fue Santi.</p>
}
else if ( ultimoVisitante == "Marcos" )
{
    <p>El ultimo visitante fue Marcos.</p>
}
else
{
    <p>¡Hola, eres el primer visitante!</p>
}
```

De esta forma, el código **HTML** que se renderizará será aquel que entre en la condición del **if else**, y los otros se omitirán.

En el capítulo anterior, utilizaste un bucle **for each** para mostrar los datos dentro de una colección, algo muy común cuando se trabaja con bases de datos:

```
<ul>
    @foreach (var x in visitantes)
    {
        <li>@x</li>
    }
</ul>
```

En esta sección, utilizaste el bucle **for each** de Razor, que recorría los datos en la clase **PageModel**. También puedes trabajar con **while** y **do while** dentro de Razor:

```
@{ string[] visitants = { "Santi", "Mica", "Marcos", "Ivan" }; }

@{ var x = 0; }
@while (x < visitants.Length)
{
    <p>Visitante: @visitants[x]</p>

    x++;
}
```

Por lo general, se intenta mantener el código de los archivos **cshtml** con la menor cantidad posible de código e instrucciones C#.

Pero existen situaciones en las cuales estas directivas serán útiles para que, a pesar de colocar lógica, esta se mantenga al mínimo. Del mismo modo en que trabajas con variables, puede usar objetos dentro de las directivas; por ejemplo, el objeto **DateTime**:

```
<p>@DateTime.Now</p>
```

Esto mostrará la fecha y hora actuales, tal como lo hiciste en el capítulo anterior, pero en esta ocasión, solamente con Razor. Como puedes notar, colocando el código de esta manera, es muchísimo más sencillo.

Así como trabajas con objetos de clases ya definidas en el núcleo de ASP. NET, en Razor puedes crear tus propias clases y objetos:

```
@{
    var miPersona = new Persona("Santiago", 26, "RedUsers");
}
<p>@miPersona.name</p>
```

Por supuesto que, para lograrlo, necesitarías crear una clase Persona y llamar a su **namespace** correspondiente, para comenzar a usarlo en esta vista Razor.

También puedes utilizar otras estructuras de control, como el condicional **@ switch**, de forma similar a las anteriores:

```
@switch (valor)
{
    case 1:
        <p>El valor de la variable es 1</p>
        break;
    case 2:
        <p> El valor de la variable es 2</p>
        break;
    case 3:
        <p> El valor de la variable es 3</p>
        break;
}
```

Así como el condicional **if else** permite ejecutar porciones de código **HTML**, **@switch** permite controlarlo de la misma manera, dada una condición específica.

Para evitar confusiones, puede existir una situación en la cual necesites utilizar el símbolo @ dentro de una vista **cshtml** para mostrar una dirección de correo electrónico o por cualquier otra razón. Si tu intención es mostrar un símbolo @ único, es recomendable escaparlo, de la siguiente forma:

```
<p>@@gmail.com</p>
```

Esto mostrará un único símbolo @. Si necesitas colocar una dirección de correo electrónico en un atributo **HTML**, puedes hacerlo de la manera tradicional, sin problemas:

```
<a href="mailto:Santi@gmail.com">Santi@gmail.com</a>
```

3.3 MODIFICAR ARCHIVOS BASE

En la sección anterior, viste cómo manejar las directivas Razor y la forma de aplicarlas para trabajar con código dentro de las vistas, sencillamente y evitando repetir código. Esto te permite realizar operaciones en C# con facilidad. En la siguiente sección, trabajarás con el proyecto que estabas utilizando, para crear la aplicación de práctica para esta entrega. Si lo deseas, puedes eliminar el código que creaste en la sección anterior, o guardarlo para volver a practicarlo cuando lo desees.

Una vez que hayas creado estas rutas extra, será necesario modificar la plantilla predefinida que ASP.NET te provee para comenzar, ya que la navegación que está creada en la parte superior no te será útil.

Antes de poner manos a la obra, tanto en un proyecto de práctica como en uno real que será lanzado a producción en el futuro, hay que plantearse qué tipo de aplicación será y qué componentes tendrá. Para este caso, trabajarás con un sistema de gestión de una empresa, que permite ver información de oficinas, empleados, sucursales, ventas y diferentes parámetros que son de utilidad. Para esto, tendrás que crear una navegación que tenga hipervínculos hacia esos sectores de la aplicación. Lo mejor será hacerlo dentro del archivo **_Layout**, el cual está dentro de la carpeta **Shared**. De este modo, la navegación solo se crea y se modifica en un único archivo, una sola vez, y si existe la necesidad de cambiarlo, se realiza el cambio en un solo archivo, y no, en varios.

Para comenzar, dirígete al archivo **_Layout.cshtml** y borra el código que tiene en su interior. En reemplazo, coloca el siguiente código **HTML**:

```
<!DOCTYPE html>
<html lang="es">
<head>
    <meta charset="utf-8">
    <meta http-equiv="X-UA-Compatible" content="IE=edge">
    <meta name="viewport" content="width=device-width, initial-scale=1, shrink-
to-fit=no">
    <title>Sistema de Gestión Razor</title>
    <link rel="stylesheet" href="~/lib/font-awesome/all.min.css" />
    <link rel="stylesheet" href="~/css/bootstrap.min.css" />
```

```
</head>
<body id="page-top">

   <div id="content-wrapper" class="d-flex flex-column">
   </div>

</body>
</html>
```

Dentro de las etiquetas **<div id="content-wrapper" class="d-flex flex-column"></div>** coloca una directiva Razor que te permitirá que otras vistas hereden de esta, o tomen su base. Se trata de **@RenderBody()**:

```
<div id="content-wrapper" class="d-flex flex-column">
@RenderBody()
</div>
```

Como podrás ver por las librerías que se llaman en la parte superior del documento, en el **<head>**, se utilizan **Bootstrap** y **Font Awesome**, una librería de estilos, iconos y fuentes de código abierto, que se colocan dentro de la carpeta **lib** del proyecto Razor. Puedes encontrar su código en GitHub o en su página oficial, *https:// fontawesome.com*. GitHub, en conjunto con Git, son herramientas indispensables para los desarrolladores. Si deseas aprender más sobre ambos, puedes hacerlo en la entrega de *Desarrollador Web Full Stack*, desde este *enlace*.

Si prefieres no descargarlo, puedes utilizar su **CDN**, colocando la etiqueta **<link>** en el **<head>** de tu plantilla, la cual puedes encontrar en *https://fontawesome. com/how-to-use/customizing-wordpress/snippets/setup-cdn-webfont*.

De esta forma, las demás vistas dentro del proyecto tendrán como base esta, por lo que necesitarás crear una navegación en la parte lateral que funcione para poder visitar las distintas partes de la aplicación. Dentro del cuerpo de la aplicación, coloca este código **HTML** justo después de la etiqueta **<body>** de apertura, el cual funcionará como panel lateral y navegación del sitio. Al final de esta entrega encontrarás el código completo de la aplicación:

```
<div id="wrapper">
   <ul class="navbar-nav bg-gradient-primary sidebar sidebar-dark accordion"
id="accordionSidebar">

<a class="sidebar-brand d-flex align-items-center justify-content-center">

<div class="sidebar-brand-icon rotate-n-15">
</div>
```

```
<div class="sidebar-brand-text mx-3">Dashboard</div>
</a>

<hr class="sidebar-divider my-0">

<li class="nav-item active">
   <a class="nav-link" href="index.html">
   <span>Gestion - Razor</span>
   </a>
</li>

<hr class="sidebar-divider">

<li class="nav-item">
   <a class="nav-link">
   <i class="fas fa-fw fa-table"></i>
   <span>Oficinas</span>
   </a>
</li>

<li class="nav-item">
   <a class="nav-link">
   <i class="fas fa-fw fa-chart-area"></i>
   <span>Empleados</span>
   </a>
</li>
</ul>
</div>
```

Una vez que hayas colocado este código en el interior de tu archivo, verás como resultado algo similar a lo que se muestra en la **Figura 3.9**.

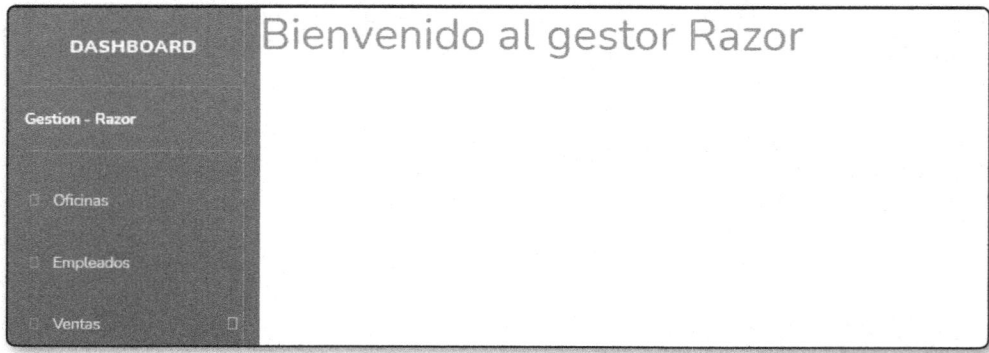

Figura 3.9. La plantilla del gestor se ve de esta forma.

En esta aplicación, para dedicarte estrictamente a comprender ASP.NET y, en detalle, Razor Pages, puedes acceder a los archivos CSS y a las librerías **Bootstrap** para agregarlos a tu proyecto y poder dedicarte de forma completa a aprender C# y Razor Pages, y olvidarte del código **CSS** o **HTML**. Los archivos **CSS** necesarios son **bootstrap.min.css**, el cual debe colocarse en la carpeta **wwwroot/css**; y **all.min. css**, que contiene las librerías **Font Awesome** y debe colocarse dentro de la ruta **/lib/ font-awesome/**.

No es estrictamente necesario que conozcas a fondo cómo funciona **HTML**, ni tampoco **CSS** o las librerías como **Bootstrap**, pero es recomendable que, si no entiendes código como este, aprendas un poco sobre su funcionamiento. Para aprender más sobre el lenguaje de marcado **HTML**, puedes recurrir a la colección de *HTML5 Avanzado*.

Ahora, si entras en la aplicación y cargas la página principal, notarás que tiene este diseño, pero si te mueves a la ruta **/privacy**, la página de privacidad también toma esta plantilla por defecto como su diseño base, e incrusta su contenido en la directiva **@RenderBody()**.

Desde la página **Privacy.cshtml**, puedes cambiar este comportamiento fácilmente.

De la misma forma en que deseas que una vista herede de **_Layout**, puede suceder que no quieras que posea ninguna plantilla base o que use una plantilla distinta.

Por defecto, Razor busca dentro de la carpeta **Shared** una vista _Layout con extensión **cshtml**, para funcionar como plantilla base. Pero si no quieres que esto suceda así, puedes utilizar la directiva **@{ Layout }**, de la siguiente forma:

```
@{
    Layout = null;
}
<h1>@ViewData["Title"]</h1>

<p>Use this page to detail your site's privacy policy</p>
```

Así, mediante la directiva Razor, estas dándole como valor a la vista por defecto base **null**, y si lo ejecutas, en el navegador verás solamente un título y un párrafo en tipografía estándar, sin ningún estilo.

Figura 3.10. La vista se renderiza sin ningún estilo heredado.

De la misma manera en que puedes evitar que una vista herede de esta plantilla, puedes indicarle que lo haga de otra distinta. Por ejemplo, podrías crear una vista diferente y colocarle la misma directiva:

```
@{
    Layout = "Clientes";
}
<h1>@ViewData["Title"]</h1>


<p>Use this page to detail your site's privacy policy</p>
```

Ahora, podrías crear un archivo **cshtml**, llamado **clientes**, y esta vista lo usaría como plantilla por defecto.

Volviendo al archivo **_Layout.cshtml**, ahora tienes una plantilla básica para trabajar en el proyecto que abarcará toda esta entrega. El sistema mostrará las oficinas, los clientes y los empleados de la empresa, con lo cual necesitarás tener una vista llamada **Index**, que dé una descripción básica al ingresar al programa; una llamada **Empleados**, que se dividirá en otras subvistas, por lo cual se definió dentro de una carpeta llamada **Empleados**; una vista **Clientes**; y otra **Oficinas**.

Una vez hecho esto, elimina el contenido de la vista **Index.cshtml** para poder ver cómo se renderiza la vista cargada en el archivo **_Layout.cshtml**.

La estructura del proyecto debería verse como se muestra en la imagen:

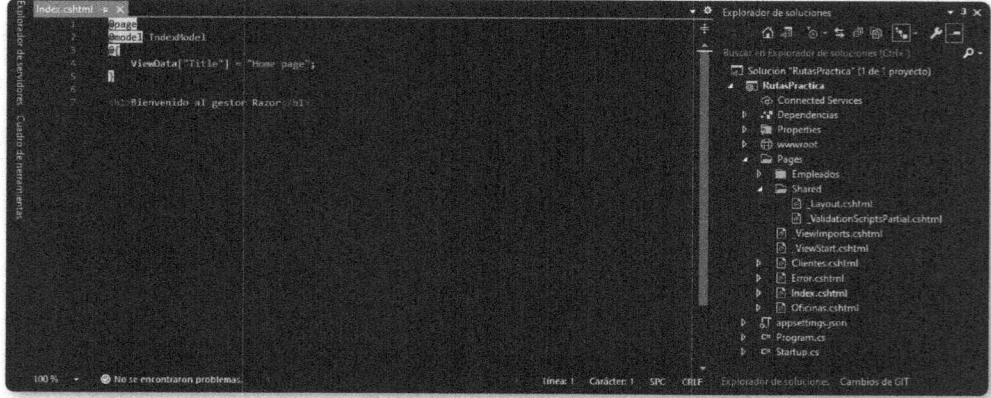

Figura 3.11. El proyecto se verá de esta forma.

Puedes reutilizar vistas ya presentes en el proyecto básico que ASP.NET crea por ti, para generar las vistas que necesitas, como **Privacy**, la cual no se usará en este proyecto; puedes utilizarla para crear la vista **Clientes** o la vista **Oficinas** si aún no las has creado, cambiando su contenido y renombrándolas.

Si lo deseas, entra al archivo **Index.cshtml** y colócale un título que dé la bienvenida al usuario, como Bienvenido al gestor Razor, para darle un poco de diseño al sitio:

```
<h1>Bienvenido al gestor Razor</h1>
```

Al acceder a la página principal del gestor, este título será la primera frase que te salude al ingresar. Dado que ya tienes incluidas las librerías Bootstrap, puedes usar sus clases para crear estilos interesantes, por ejemplo, colocando un fondo azul:

```
<div class="alert alert-primary" role="alert">
    <h1>Bienvenido al gestor Razor</h1>
</div>
```

De esta forma, obtendrás un título con un fondo azul claro. Si deseas dar más estilo, como indicarle al usuario en qué parte de la aplicación se encuentra, utiliza los breadcrums:

```
<nav aria-label="breadcrumb">
    <ol class="breadcrumb">
        <li class="breadcrumb-item active"
            aria-current="page">Inicio</li>
    </ol>
</nav>

<div class="alert alert-primary" role="alert">
    <h1>Bienvenido al gestor Razor</h1>
</div>
```

Y coloca el mismo dentro de otras páginas, como en la sección empleados, en el archivo **Index.cshtml** dentro de la carpeta **Empleados**:

```
<nav aria-label="breadcrumb">
    <ol class="breadcrumb">
        <li class="breadcrumb-item"><a>Inicio</a></li>
        <li class="breadcrumb-item active"
            aria-current="page">Empleados</li>
    </ol>
</nav>
<div class="alert alert-primary" role="alert">
    <h1>Empleados</h1>
</div>
```

Con todo esto, la aplicación se verá de la siguiente forma:

Figura 3.12. Bootstrap permite dar estilos muy rápido, sin agregar nada de código CSS.

3.4 ACTIVIDADES

A continuación, se presentan las preguntas y los ejercicios que deberías saber responder y resolver, para considerar aprendido el capítulo.

3.4.1 Test de autoevaluación

1. ¿Qué es una ruta? ¿Cómo maneja Razor las rutas?

2. ¿Qué es una directiva Razor?

3. ¿Es posible hacer que una vista no tenga una plantilla básica?

4. ¿Es posible tener varias plantillas básicas?

5. Si se crea una carpeta y se colocan vistas en su interior, ¿es necesario colocar el nombre de la carpeta en la ruta?

3.4.2 Ejercicios prácticos

1. Dirígete a la vista Clientes en tu proyecto, o si no la has creado aún, créala.

*2. Dentro de la clase **PageModel**, crea un arreglo o colección de tipo **string**, y en su interior, coloca distintos nombres de clientes.*

*3. Luego, dirígete a la vista y, por medio de un bucle **foreach** o **while**, crea por cada uno de los clientes una tabla HTML que muestre sus nombres.*

4

MODELOS

En este capítulo comenzarás a trabajar con modelos, y entenderás un poco más sobre los conceptos del patrón MVC y de su variante MVVM, dentro de Razor, lo cual te permitirá trabajar con datos mucho más avanzados.

4.1 MODELO, VISTA, CONTROLADOR

Dentro de todos los frameworks y entornos de trabajo más populares y modernos de la actualidad, en el mundo del desarrollo, tanto en la Web como en otros ámbitos, suelen seguirse ciertos patrones que permiten crear aplicaciones escalables, fáciles de mantener, organizadas, y que no representan demasiada complejidad para el programador. Uno de los patrones más utilizados es MVC. Este patrón o modelo de desarrollo es usado por muchos de los entornos más difundidos en este momento. **Spring**, el framework de **Java**, lo utiliza; también **Laravel**, en conjunto con **PHP**; Django, una de las herramientas de Python más conocidas, lo emplea bajo una nomenclatura distinta; y .NET no es la excepción.

MVC corresponde a las siglas de Modelo, Vista, Controlador, y cada una de estas palabras hace referencia a un componente de cada proyecto que lo aplica.

Los **modelos** son una herramienta muy útil de cara al uso de datos y estructuras de datos complejas, y se trata de clases que representan la información que la aplicación manejará. Un ejemplo es una aplicación de reserva de viajes, la cual precisa almacenar información de sus viajeros. En este caso, los datos para la reserva que se solicitan serán siempre los mismos: el nombre, el apellido, un teléfono, una dirección, una casilla de correo, y quizá, un documento de identidad o cédula. La programación orientada a objetos provee de una herramienta clave, las clases. Crear una clase llamada Viajero o Usuario, con los campos que se solicitarán, será muy útil y permitirá trabajar de forma cómoda, almacenando los datos en objetos que luego podrás guardar, modificar, leer o borrar, entre muchas otras opciones.

El siguiente elemento son las **vistas**; como su nombre indica, son los archivos con código **HTML**, o en el caso de ASP.NET, **cshtml**, que funcionan como plantillas y archivos que guardan el diseño visual de la aplicación. Las vistas son renderizadas junto con el código C#, y devuelven al cliente solo HTML, CSS y JavaScript.

Por último, los **controladores** suelen ser clases que contienen funciones o código encargado de unir la base de datos, con las vistas de la aplicación. Un ejemplo sencillo sería cuando un usuario realiza un registro en el sitio de viajes y carga sus datos. Un controlador se ocupa de tomar esos datos y cargarlos dentro de la base, para luego dar una respuesta en forma de vista con código HTML y **CSS**.

También existe el caso de variantes derivadas de este mismo patrón, que representan pequeños cambios adaptados a la forma de desarrollar, con la intención de crear aplicaciones más sencillas. Esto sucede con Razor, que trabaja bajo el patrón MVVM, o Model, View, ViewModel. En español, esto significa Modelo, Vista (lo cual hace referencia a lo mismo que en MVC) y Modelo de Vista. Los **modelos de vista** son las clases que heredan de la superclase **PageModel**, y que funcionan como rutas para los archivos **cshtml** que luego se renderizan. En ASP.NET, cuando trabajas con Razor Pages, se suele trabajar la lógica dentro de las clases **PageModel**. Por ejemplo, la clase **IndexModel**, que se encarga de renderizar una vista cuando el usuario visita la página principal de la aplicación, también se ocupa de realizar tareas como recibir datos y solicitarlos, entre otras operaciones.

Volviendo a la aplicación vista en el capítulo anterior, se planteó que la página debe trabajar con empleados y su información pertinente, con oficinas y con clientes. En una aplicación, tanto bajo el patrón MVC, como bajo MVVM, será necesario utilizar Modelos o Models que definan cómo serán los esquemas de estos datos.

4.2 CREAR TUS MODELOS

Una de las primeras tareas necesarias al comenzar a desarrollar una aplicación es definir la estructura de los datos. Si la aplicación requiere trabajar con empleados, tendrás que saber qué datos va a almacenar cada objeto de tipo empleado; y en esta sección es importante tener conocimientos sobre programación orientada a objetos. Si deseas conocer un poco más sobre cómo trabajar con clases, objetos, métodos accesorios, herencia y otros aspectos fundamentales de la programación orientada a objetos dentro de este lenguaje, puedes leer *C# Avanzado*, en este *enlace*.

Como podrás notar, en tu proyecto ASP.NET no hay ninguna carpeta definida para almacenar los modelos de la aplicación, por lo cual será necesario crear una.

Abre el proyecto en Visual Studio, y cuando termine de cargar, crea en la raíz una carpeta llamada **Models**. Es interesante mantener una nomenclatura a la hora de nombrar clases, archivos y directorios, que respeten los estándares dentro del desarrollo. Esto te permitirá trabajar con un equipo de manera mucho más armoniosa y sencilla que si cada persona utilizara su propio criterio.

Una vez creada la carpeta **Models**, haz clic derecho sobre ella y selecciona la opción **Agregar...**; de las opciones que se muestran elige **Clase**. Se abrirá una ventana con la alternativa de utilizar una de las plantillas de ASP.NET; entre ellas, crear una clase C#, una interfaz, o un archivo de código. Selecciona la opción **Clase**, y debajo, colócale como nombre **Empleado**. Por último, presiona el botón **Agregar**; cuando el editor termine de crearla, abrirá automáticamente el archivo para comenzar a trabajar con él.

Como puedes observar, Visual Studio tomó el nombre elegido no solo como nombre para el archivo, sino también como nombre de la clase, lo cual es importante para respetar las convenciones y buenas prácticas.

Una vez creado y abierto el modelo, comenzarás a definir los atributos de la clase, que será aquella información que todo empleado debe tener, entre ella, nombre, edad, correo electrónico, dirección y teléfono. Además, dado que en esta aplicación se creará una sección para ver los empleados de distintos departamentos de la empresa, también será necesario un atributo que almacene el sector del empleado, que se llamará **Departamento**:

```
public class Empleado
{
    public string Nombre { get; set; }
}
```

De esta forma, define cada uno de los atributos necesarios para tener un empleado:

```
{
    public string Nombre { get; set; }
    public int Edad { get; set; }
    public string Email { get; set; }
    public string Direccion { get; set; }
    public string Telefono { get; set; }
    public string Departamento { get; set; }
}
```

El campo de clase **edad** es un dato numérico, sobre el cual pueden solicitarse operaciones matemáticas, como calcular cantidad de empleados menores de cierta edad, media de edad de los empleados o de cierto departamento, calcular diferencias de edad, y más. Por eso se utiliza un entero. Sin embargo, el campo **teléfono** no suele tomarse como un entero, ya que no es necesario hacer operaciones matemáticas sobre estos campos, y porque es normal que los usuarios escriban teléfonos separados por guiones, por lo cual no es mala práctica guardarlos en estos tipos de datos.

Antes de continuar, es conveniente agregar un campo ID o campo clave al modelo. Si tienes algún conocimiento sobre bases de datos, sabrás que las tablas pueden contener campos únicos, es decir que no se repiten y que funcionan como número identificativo, algo muy útil a la hora de trabajar con datos y modelos. Como primer campo de clase, agrega esta propiedad:

```
{
    public int id { get; set; }
...
```

Los campos clave, auto numéricos o ID son muy utilizados por los frameworks y entornos de trabajo para facilitar las operaciones con bases de datos, por lo cual te será muy útil de cara al futuro.

Este es un modelo tradicional, para cualquier tipo de aplicación que trabaje con el patrón MVC, MVVM u otro de sus derivados. Sin embargo, para poder trabajar con información generada por los usuarios, tendrás que crear un formulario que se dedique a llenar estos datos.

Dentro del proyecto, encontrarás la carpeta generada en el capítulo anterior, llamada Empleados, en el directorio **Pages**. Allí, crea una nueva vista, haciendo clic derecho sobre la carpeta **Empleados** y seleccionando la opción **Agregar…**; entre las opciones que se muestran, elige **Nueva Página Razor**.

Dentro de la ventana que se abre, selecciona **Página Razor Vacía**, y como nombre, colócale **AgregarEmpleados**. En esta nueva página Razor, tendrás que crear un pequeño formulario que le permita al usuario generar un nuevo empleado y almacenarlo. Dado que cada empleado tiene seis atributos, deberás crear un input para cada uno:

```
<h1>Ingresar nuevos empleados</h1>

<form class="form-group" action="" method="post">

</form>
```

Como puedes ver, se colocará un título, y el formulario tendrá que utilizar el método **POST**, pero no tendrá que tener el atributo **action**, ya que lo verás en detalle más tarde, junto con el atributo **class**. Este tendrá como valor **form-group**, la cual es una clase de **Bootstrap** que permite dar estilos rápidamente a un formulario:

```
<form class="form-group" method="post">
    <input class="form-control" type="text"
       asp-for="Empleado.Nombre" placeholder="Nombre">
    <input class="form-control" type="number" placeholder="Edad">
    <input class="form-control" type="email" placeholder="Email">
    <input class="form-control" type="text" placeholder="Direccion">
    <input class="form-control" type="text" placeholder="Teléfono">
    <input class="form-control" type="text" placeholder="Departamento">

<button type="submit">Cargar Empleado</button>

</form>
```

Si utilizas el atributo **type**, junto con el valor **email**, HTML provee de una validación básica, que requiere al usuario que complete el campo con un e-mail, en vez de con solo texto. También puedes agregar el atributo **required** para evitar que no se rellenen los campos o se dejen vacíos. Sin embargo, es importante aclarar que, tanto la validación **HTML** como **JavaScript** son fáciles de evitar por cualquier usuario que tenga conocimientos básicos. Por ende, es importante contar con una validación del lado del servidor con C# más fuerte que la acompañe.

El único campo input con el tipo de dato numérico será la edad, para guardar el valor que el usuario ingrese. Ahora, si ejecutas el formulario en este punto, será procesado por la clase **AgregarEmpleados**, porque no se especificó un atributo **action**. En este caso, el formulario es enviado por medio del método **POST**, y procesado por esta clase, pero como no se especificó aún el método **OnPost()**, no se realizará ninguna acción. Dirígete a la clase **AgregarEmpleados** y crea el método **OnPost()** en su interior; como valor de retorno, colócale la clase **IActionResult**:

```
public class AgregarEmpleado
{
    public IActionResult OnPost()
    {

    }
}
```

Apenas lo agregues, verás que el método se subraya indicándote un error. Esto se debe a que has especificado que el método debe devolver un valor, pero no se ha creado ningún tipo de **return** dentro de la función. Si colocas el mouse encima del valor de retorno **IActionResult**, notarás que se trata de una interfaz y podrás ver lo que contiene. La interfaz se utiliza para objetos que ejecutan algún tipo de tarea de manera asíncrona, y es una de las maneras más típicas de trabajar con formularios con el método **POST**, ya que luego de recibir la información, se suele realizar algún tipo de acción, como redireccionar hacia alguna página o renderizar una vista. En este caso, lo interesante sería que, una vez que el usuario ingresa un nuevo empleado, la aplicación lo lleve a la ruta **/Empleados/Index**, en la cual se listarán los empleados de la empresa, y donde podrá ver agregado uno nuevo:

```
public IActionResult OnPost()
{
    return RedirectToPage("/Empleados/Index");
}
```

Ahora el método retorna el tipo de valor correcto, y el error desaparece, ya que la función **RedirectToPage** retorna un objeto que implementa la interfaz **IActionResult**.

También necesitarás especificarle a la clase **AgregarEmpleado** que el tipo de dato que vas a estar utilizando es de tipo Empleado. Para hacerlo, tendrás que darle un campo de clase, junto con el agregado **[BindProperty]**, el cual te permitirá mandar la información del formulario por el método **POST**:

```
public class AgregarEmpleado
{
    [BindProperty]
    public Empleado Empleado { get; set; }
}
```

Apenas agregues este campo de clase, el editor Visual Studio te indicará un error señalando que no conoce la clase **Empleado**. El menú Intellisense te marcará un error y te mostrará una posible solución, en este caso, la correcta (**Figura 4.1.**).

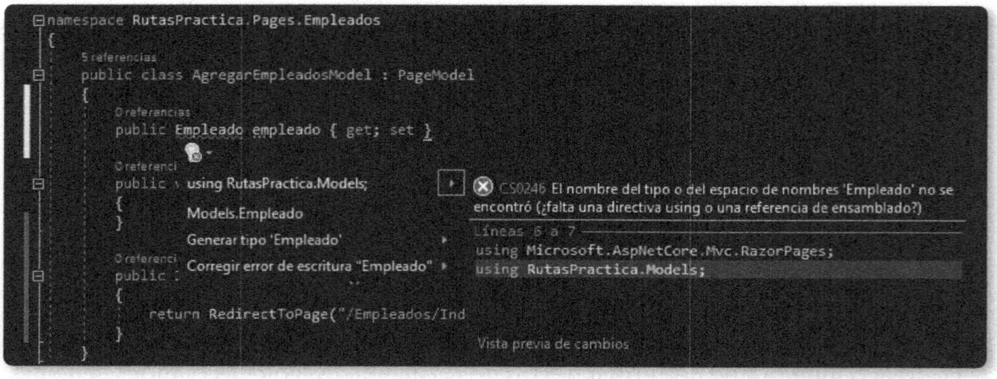

Figura 4.1. Las sugerencias de Visual Studio te permiten detectar y corregir rápidamente los errores.

Esto se debe a que tienes que importar en la parte superior la carpeta **Models**, creada al comienzo, para poder utilizar las clases en su interior. El menú **Intellisense** te sugerirá que agregues la directiva **using RutasPractica.Models;** para reconocer la clase, o puedes agregarla por tu cuenta en la parte superior.

Sin embargo, para que el método envíe a la vista el valor capturado desde el formulario, necesitas especificarlo en el método **RedirectToPage()**. Luego de especificar la ruta, coloca una coma para agregar un segundo parámetro, el valor del nombre del empleado:

```
return RedirectToPage("/Empleados/Index", new { Empleado.Nombre });
```

En este punto el formulario ya funciona, pero para acceder a él, tendrías que escribir la ruta en el navegador, y sería más interesante que existiera un link dentro de la navegación que llevara directo al formulario.

Dirígete a la carpeta **Pages**, y en su interior, a la carpeta **Shared**, para acceder a la vista **_Layout** y modificar la navegación. Allí encontrarás el código HTML generado en el capítulo anterior con la barra de links ya creada.

Colócale un nuevo elemento a la lista de links, que lleve al archivo **AgregarEmpleados**, de la siguiente forma:

```
<li class="nav-item">
  <a class="nav-link" asp-page="/Empleados/AgregarEmpleados">
    <i class="fas fa-fw fa-chart-area"></i>
    <span>Agregar Empleados</span>
  </a>
</li>
```

Como viste en capítulos anteriores, el atributo es parte de una serie de atributos útiles para el desarrollo web que ASP.NET provee para **HTML**.

Una vez que agregaste a la navegación un link al formulario, ejecuta la aplicación con IIS Express y espera a que se abra el navegador con la página inicial. Luego dirígete por medio del nuevo link al formulario de ingreso de empleados. Ahí podrás ver algo similar a lo que se muestra en la imagen:

Figura 4.2. Una vez que se ejecuta la aplicación, dirígete al formulario para verlo.

Como podrás observar, **Bootstrap** provee de algunos estilos, pero es necesario definir más clases CSS para que la página se vea óptima; en este momento, la página no se ve de forma correcta, ocupa demasiado espacio y no tiene un diseño muy amigable para el usuario. Más adelante, verás cómo se puede mejorar esta maqueta HTML, pero si tienes conocimientos en Bootstrap o CSS, puedes hacerlo desde ahora sin problemas.

Para probar el formulario, completa los campos y presiona el botón de cargar empleado. Una vez hecho esto, el formulario te redirigirá automáticamente a la sección de empleados inicial, donde se muestra solo un link hacia la sección de contabilidad.

Como puedes ver, el código funciona, pero no se está haciendo nada con los datos recibidos. Para trabajar con estos datos, tendrás que dirigirte a la página **Index. cshtml** dentro de la carpeta Empleados, a la cual te dirige el formulario, y abrir tanto su clase **ViewModel** o modelo de vista como su archivo **cshtml**. Dentro de la clase **IndexModel**, agrega un nuevo campo de clase, llamado Nombre, de tipo **string** y público, que tenga el agregado **[BindProperty]**.

Será este atributo el que recibirá lo que se le envíe por parámetro desde el formulario:

```
public class IndexModel : PageModel
{
    [BindProperty(SupportsGet = true)]
    public string nombre { get; set; }
}
```

Como viste en capítulos anteriores, el agregado **[BindProperty]** indica que este campo de clase puede recibir valores por medio de **POST**, y solo por este método, excepto que se especifique también **GET** mediante **SupportsGet = True**. Una vez agregado el campo de clase necesario, puedes dirigirte al archivo **Index. cshtml**, dentro de la carpeta Empleados, para comenzar a usar en la vista este dato.

Debajo del título **<h1>** de la página, agrega la siguiente directiva Razor:

```
<h1>En esta sección puede ver los empleados del sistema</h1>

@Model.Nombre
```

Ahora solo precisas ejecutar la aplicación para probar el formulario y que los datos enviados a la vista **Index.cshtml** se muestren por debajo del título.

Ejecuta el programa y dirígete a la sección **Agregar Empleados**; allí completa los campos, incluyendo Nombre, y verás que, al enviar el formulario, este se muestra dentro de la vista Empleados.

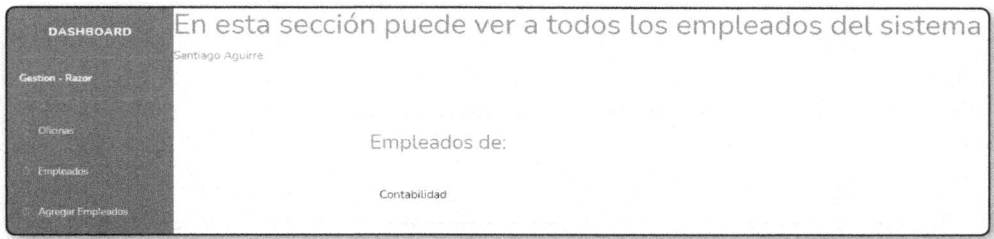

Figura 4.3. Los datos del formulario son capturados y puedes realizar cualquier operación con ellos.

También puedes realizar una pequeña validación a estos datos de forma similar a como trabajaste en capítulos anteriores, para verificar si el formulario fue completado o no:

```
public class IndexModel : PageModel
{
    public void OnGet()
    {
        if (string.IsNullOrWhiteSpace(Nombre))
        {
            Nombre = "Empleado 1";
        }
    }
}
```

De esta manera, en caso de que el formulario no se llene, es decir que se envíe vacío, el **string** Nombre se completará con el valor Empleado 1.

4.3 SCAFFOLDING Y BASES DE DATOS

El trabajo con formularios es muy interesante, pero además de poder llenarlos, enviarlos y procesar sus datos, también es necesario almacenar la información en algún lugar para que no se pierda.

Este es el objetivo de usar bases de datos, que permiten guardar aquella información que los usuarios ingresan, consultarla y mostrarla, actualizarla o eliminarla.

Existen distintos tipos de bases de datos en el mundo del desarrollo, y por lo general, se dividen entre las bases de datos relacionales, es decir, que trabajan con tablas y con el lenguaje universal de acceso a datos **SQL**; y las no relacionales, que utilizan distintos modelos de información.

Entre las primeras se encuentran **MySQL**, **Oracle** y **SQLite**; y entre las herramientas de Microsoft, **SQL Server**, un gestor de bases de datos que suele ser el compañero ideal de las aplicaciones desarrolladas en .NET y ASP.NET.

Aunque no es estrictamente necesario, se recomienda tener algunos conocimientos de bases de datos, del lenguaje **SQL** para trabajar con ASP.NET, y de cualquier lenguaje del lado del servidor, dado que, en el ámbito del desarrollo web, las bases de datos son una parte muy importante.

Si deseas aprender más sobre **SQL** y las bases de datos relacionales, puedes leer la entrega **MySQL**, de la colección *Programador Web Full Stack*, en este *enlace*.

Una de las características por las cuales ASP.NET se destaca sobre otros entornos de trabajo es la capacidad de crear componentes de manera rápida y con menor cantidad de código. Mediante Visual Studio, es posible acceder a varias herramientas que facilitan el trabajo al programador, entre ellas, el scaffolding, en español, andamiaje.

Dentro de ASP.NET, el scaffolding se usa para crear código de manera rápida, que interactúa con tus modelos de forma directa; esto te será útil de cara a interactuar con una base de datos. En muchos frameworks y entornos de desarrollo, el scaffolding, o creación automática de código, se genera únicamente desde consola por medio de comandos, pero en Windows puede hacerse siguiendo pasos sencillos en los menús de Visual Studio:

PASO 1

Para comenzar a trabajar con el scaffolding del modelo Empleados, en el explorador de soluciones dirígete a la carpeta **Pages**, la cual contiene el directorio Empleados sobre el que trabajaste con anterioridad.

Haz clic derecho en ella y elige la opción **Agregar**.

En el menú que se despliega, selecciona **Nuevo elemento con Scaffold**.

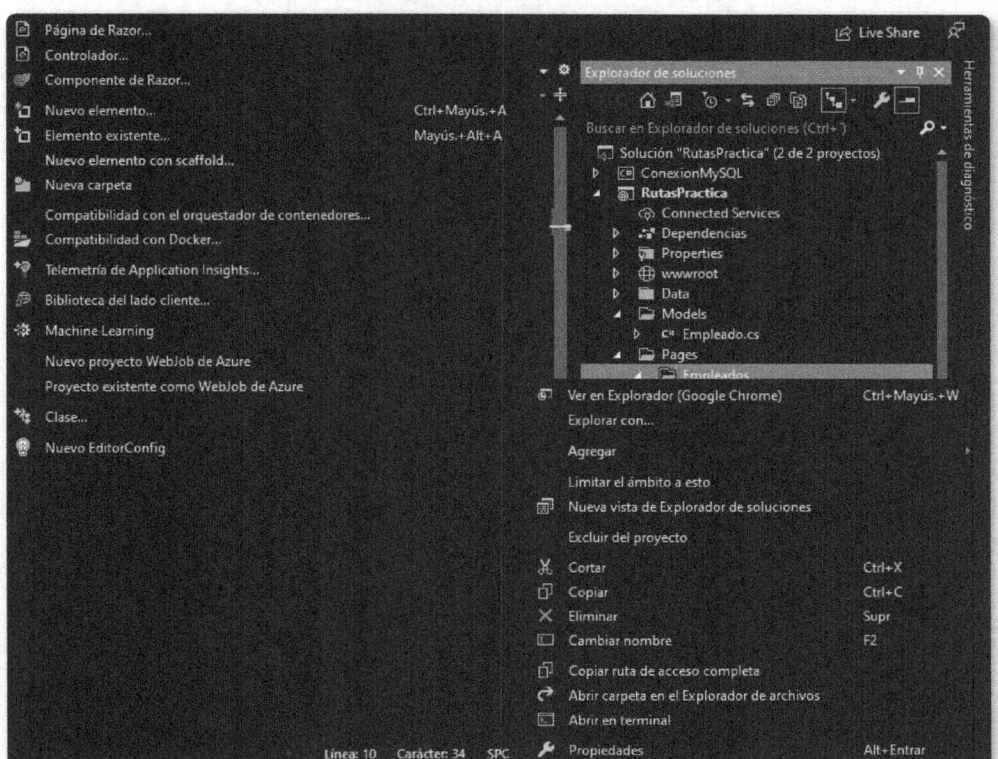

PASO 2

La ventana que se abre permite seleccionar, de entre una serie de opciones, un elemento para crear con **Scaffolding**; busca y selecciona la opción **Página de Razor que usa Entity Framework**. Luego pulsa sobre el botón **Agregar**.

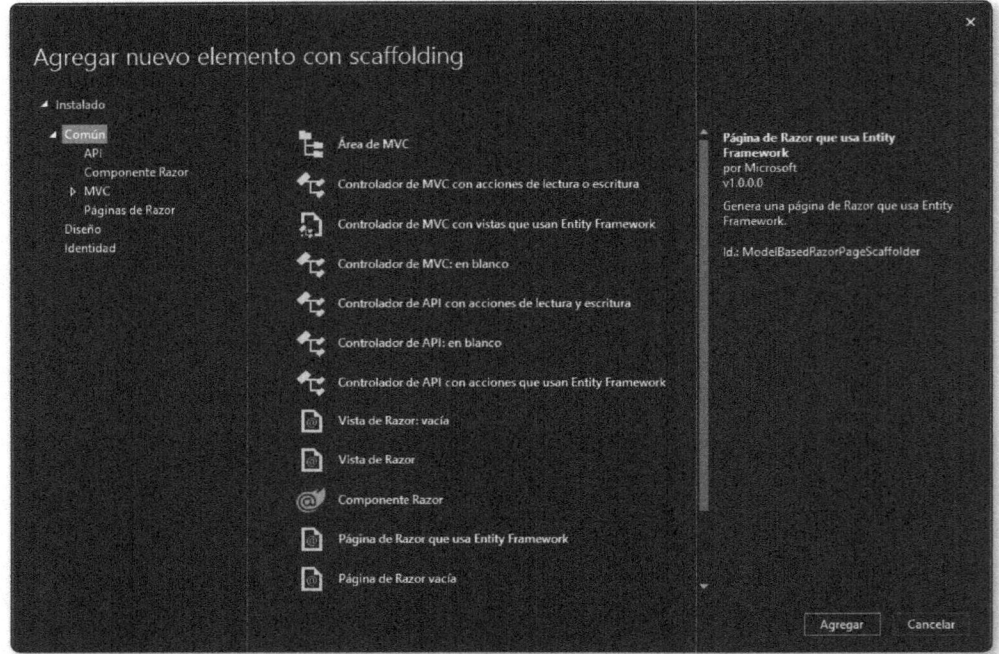

PASO 3

Aparecerá una nueva ventana, con una serie de opciones que deberás elegir. En primer lugar, escoge un nombre para esta nueva página. Para comprender mejor lo que estás realizando, piensa esto como una forma rápida de crear componentes sin necesidad de escribir el código desde cero. Dado el caso de que desees crear una vista que carga nuevos empleados o clientes, en esta ventana puedes crear este componente y darle un nombre apropiado. Como ya creaste manualmente una vista llamada **AgregarEmpleados**, a esta vista llámala **CrearEmpleados**. La segunda opción, denominada **Plantilla**, te dará una serie de elementos de una lista, mostrándote operaciones de tipo **CRUD**.

Las operaciones **CRUD** son operaciones básicas que pueden realizarse sobre elementos de una base de datos, como sus siglas lo indican: Create o crear, Read o leer, Update o actualizar y Delete o eliminar.

Dentro de la lista desplegable, elige **Create**. En la siguiente opción, se te preguntará por la **Clase de modelo** a utilizar, es decir, qué clase de modelo se va a usar en este caso. De la lista desplegable selecciona la clase que creaste antes, la clase Empleados que se encuentra dentro de la carpeta **Models**.

En la siguiente opción, que te consulta por la Clase de contexto de datos, solo necesitarás hacer clic sobre el botón +, para que el **Scaffolding** cree una por ti. De esta forma puedes crear una nueva página con scaffolding.

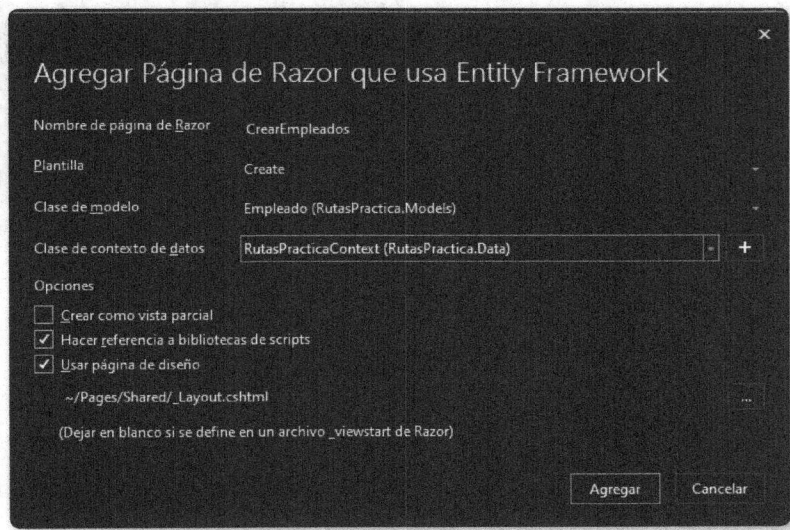

PASO 4

Por último, elige un **Layout** del cual herede la nueva vista, con lo cual puedes seleccionar la vista **_Layout**, que se encuentra dentro de la ruta **Pages/Shared**.

Una vez creada la nueva página, en el explorador de soluciones aparece un nuevo archivo llamado **CrearEmpleados.cshtml**. Al abrirlo, verás que se ha generado un formulario nuevo con los campos que el modelo Empleado tiene en su interior.

Pero para que esto funcione correctamente, tendrás que generar una migración. Una migración es algo similar a una generación automática de una base de datos, por medio de un modelo, en este caso, del modelo Empleados. Para hacerlo, dirígete al menú superior de Visual Studio, a la opción **Herramientas** o **Tools**, y allí ve a la sección **Administrador de paquetes NuGet**. Del menú que se despliega, escoge **Consola del Administrador de Paquetes**, para acceder a la consola Power Shell.

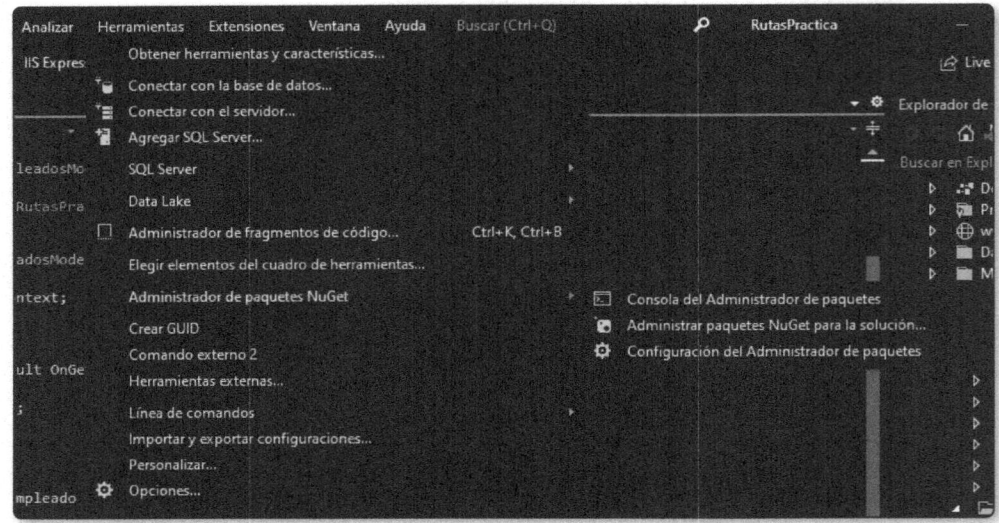

PASO 5

En la consola que se abre tienes que escribir dos comandos.

El primero es **Add-Migration InitialCreate**; luego presiona **Enter**.

Una vez que la consola haya terminado su trabajo, escribe el comando **Update-Database** y pulsa **Enter**. Al finalizar, puedes probar la aplicación.

La consola termina de trabajar cuando te permite volver a escribir otra vez.

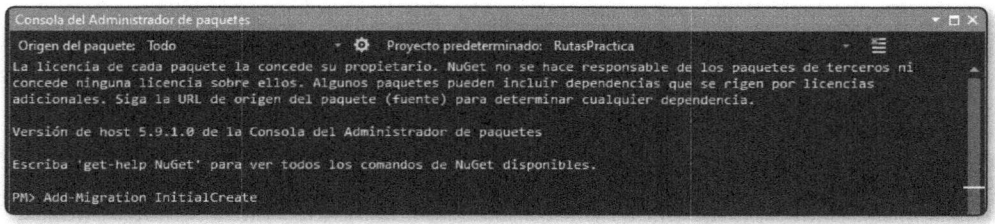

PASO 6

Si lanzas la aplicación y vas a la ruta **/Empleados/CrearEmpleados**, verás el nuevo formulario creado con scaffolding, con los campos necesarios, sin que hayas tenido que programar nada de código **HTML**.

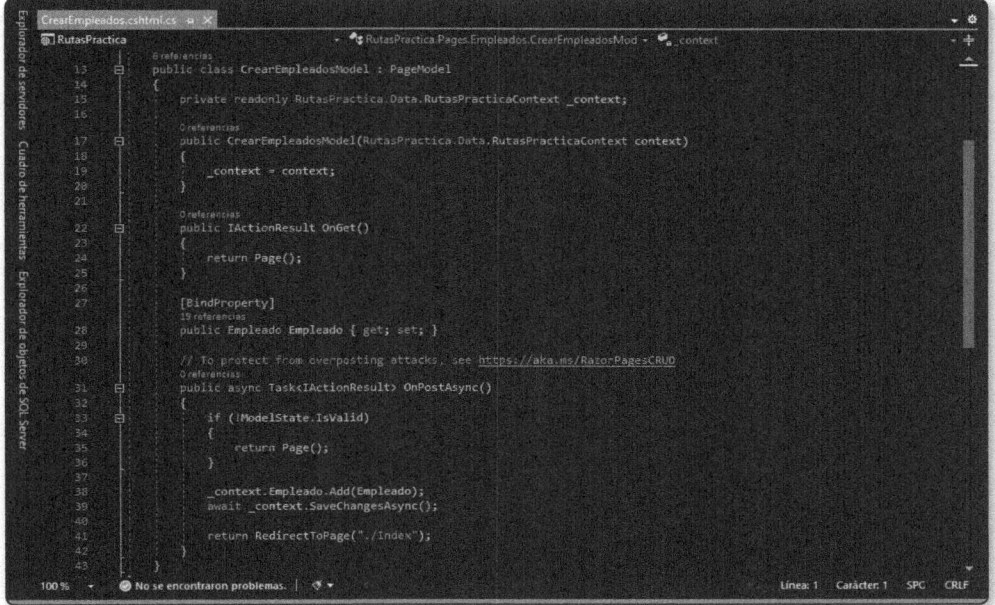

Ahora que lanzaste la aplicación y te encuentras en el nuevo formulario creado, intenta llenarlo con datos de prueba y enviarlo mediante el botón al final. El formulario te redirigirá a la página **Index** de la ruta **/Empleados**. ¿Por qué sucede esto? Si cierras la aplicación, vas al Explorador de soluciones y despliegas el archivo **CrearEmpleados.cshtml** para ver su **PageModel**, al abrirlo podrás ver el código que el scaffolding generó por ti para que se ejecute al mandar el formulario. Dentro de la clase **CrearEmpleadosModel**, debería verse de forma similar a esta:

```csharp
public class CrearEmpleadosModel : PageModel
{
    private readonly RutasPractica.Data.RutasPracticaContext _context;

    public CrearEmpleadosModel(RutasPractica.Data.RutasPracticaContext context)
    {
        _context = context;
    }

    public IActionResult OnGet()
    {
        return Page();
    }

    [BindProperty]
    public Empleado Empleado { get; set; }

    // To protect from overposting attacks, see https://aka.ms/RazorPagesCRUD
    public async Task<IActionResult> OnPostAsync()
    {
        if (!ModelState.IsValid)
        {
            return Page();
        }

        _context.Empleado.Add(Empleado);
        await _context.SaveChangesAsync();

        return RedirectToPage("./Index");
    }
}
```

Figura 4.4. El nuevo PageModel creado tiene varias funciones que el scaffolding generó por ti.

Dentro podrás ver una función asíncrona, llamada **OnPostAsync()**, que guarda en una base de datos el modelo creado. Esto se logra mediante los métodos **Add()** y **saveChangesAsync()**. Como puedes ver, el scaffolding, además de crear formularios y modelos de vista, te permite crear clases contextuales útiles para conectarte a bases de datos. Dentro de Visual Studio, dirígete al menú **Ver** o **View**, en la parte superior, y haz clic sobre **Explorador de objetos de SQL Server (Figura 4.5.)**.

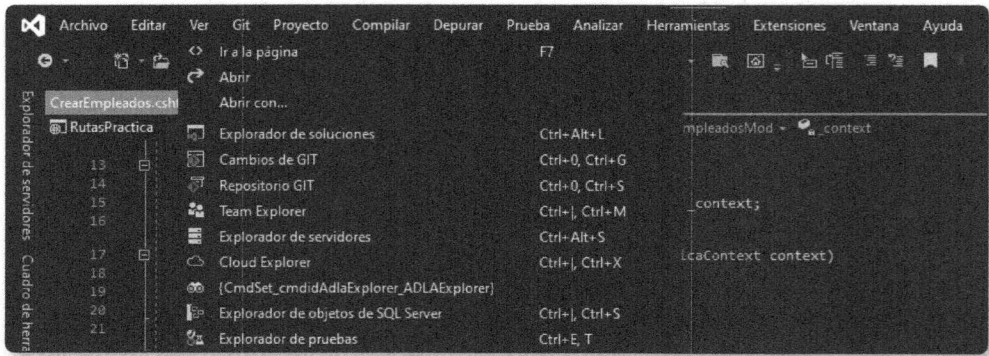

Figura 4.5. En el menú contextual, elige la opción Explorador de objetos de SQL Server.

Se abrirá un nuevo menú sobre la izquierda, por el cual tendrás que navegar hasta encontrar la base de datos generada por scaffolding. Para ello, dentro del menú que se acaba de abrir, despliega la opción llamada **SQL Server**, luego **(localdb) MSSQLLocal** y por último **Bases de datos**. Allí encontrarás varias carpetas. Despliega la llamada **RutasPracticaContext** (o el nombre que le hayas dado) y también la carpeta **Tablas**.

En esta última verás la opción **dbo.Empleado**; haz clic derecho en ella y, del menú que se despliega, elige **Ver Datos**.

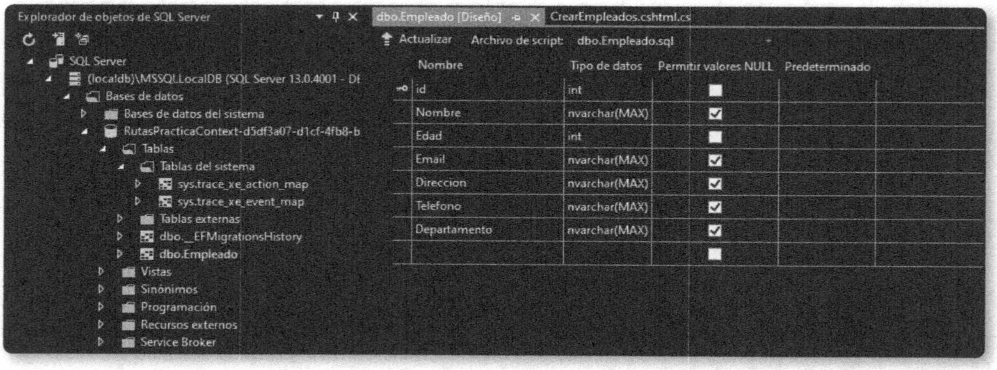

Figura 4.6. El scaffolding y la migración, además de generar componentes, generaron una base de datos para la aplicación.

Como puedes observar, los datos que introdujiste en el formulario se almacenaron directamente en la base de datos, sin que fuera necesario crear código para la conexión; solo se requiere generar un modelo de datos, en este caso, el modelo **Empleado**.

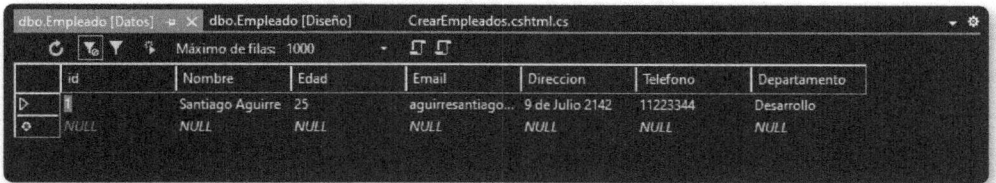

Figura 4.7. Como puedes notar, los datos que ingresaste al formulario se guardaron en la base de datos.

4.4 SCAFFOLDING O TRABAJO MANUAL

Una de las preguntas que suelen plantearse los usuarios en este punto es por qué necesitan aprender a construir manualmente los componentes, como en la primera parte de este capítulo, cuando el scaffolding en Visual Studio lo hace casi sin esfuerzo. Debes tener en cuenta que no en todas las aplicaciones que tendrás que crear el scaffolding te será tan útil, dado que el objetivo puede no ser crear un CRUD completo en el cual se puedan manipular todos los datos de una base. A veces tendrás que crear formularios que le permitan al usuario solo generar cierta información de cada modelo, en vez de todos los datos. En otras oportunidades, tal vez lo único que te interese permitirle al usuario sea cambiar ciertos datos de un modelo, o crear una validación muy estricta sobre los formularios y los datos ingresados por los usuarios.

También debes comprender cómo funcionan los formularios dentro de la Web, algo que puedes lograr fácilmente construyendo algunos de práctica. De esta manera, si necesitas crear uno con scaffolding y, luego, editarlo, tendrás muchísima más idea de cómo hacerlo si comprendes qué significa y qué función cumple cada parte.

4.5 ACTIVIDADES

A continuación se presentan las preguntas y los ejercicios que deberías saber responder y resolver, para considerar aprendido el capítulo.

4.5.1 Test de autoevaluación

1. ¿Qué es el patrón MVC?

2. ¿Qué patrón utiliza Razor Pages?

3. ¿Qué es un modelo? ¿Para qué suele utilizarse?

4. ¿Qué es el scaffolding? ¿Qué ventajas trae?

4.5.2 Ejercicios prácticos

1. Crea un Modelo, dentro de la carpeta Models, para las oficinas de la empresa, llamado Oficina, y otro llamado Cliente.

2. Dentro del proyecto, haz clic derecho dentro de la carpeta Pages.

3. Agrega un nuevo elemento con scaffolding.

4. Genera una página para crear clientes, y otra para oficinas.

5. Realiza la migración para cada Modelo, y luego lanza la aplicación.

5

DEPURACIÓN Y LIMPIEZA

En este capítulo te dedicarás de lleno al proyecto de práctica, a la depuración del código y a la limpieza de clases, vistas, bases de datos y elementos, para dejar el proyecto listo.

5.1 ELIMINAR CÓDIGO

Después de practicar todos los aspectos más importantes dentro de ASP. NET, creando rutas, utilizando scaffolding, generando modelos, carpetas y distintos componentes, como en cualquier proyecto, una aplicación puede volverse caótica. Para evitar esta situación, comenzarás a eliminar aquellos archivos y código que no te serán necesarios.

En este punto, tu proyecto debería verse similar a la **Figura 5.1**.

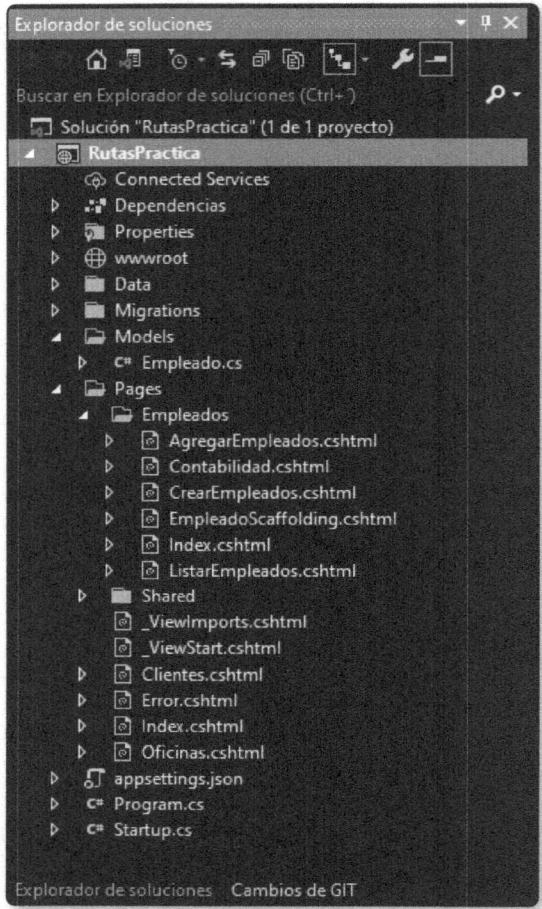

Figura 5.1. El proyecto tiene muchísimos archivos que usaste
para practicar y aprender distintos conceptos.

Sin embargo, no utilizarás todo esto en la aplicación. Algunos de estos componentes fueron creados para que comprendieras cómo funcionaba cada elemento de ASP.NET y pudieras aplicarlos en tus propios desarrollos. Comienza por limpiar la carpeta **Empleados**, dentro de la carpeta **Pages**. En el último capítulo creaste un elemento con scaffolding llamado **CrearEmpleados**, que será la única página que dejarás por el momento dentro de la carpeta; elimina los demás archivos.

Dentro de la carpeta **Pages**, borra la vista Clientes y la vista Oficinas, quitando los archivos **Clientes.cshtml** y **Oficinas.cshtml**. Si no utilizas Visual Studio como tu editor de código, tendrás que eliminar también manualmente las clases **ViewModel** de cada vista.

Una vez hecho esto, en tu proyecto solo tendrás la vista **Index**, Error, los dos archivos **_ViewImports.cshtml** y **_ViewStart.cshtml** (que son parte de la generación automática del proyecto) y la carpeta **Empleados**.

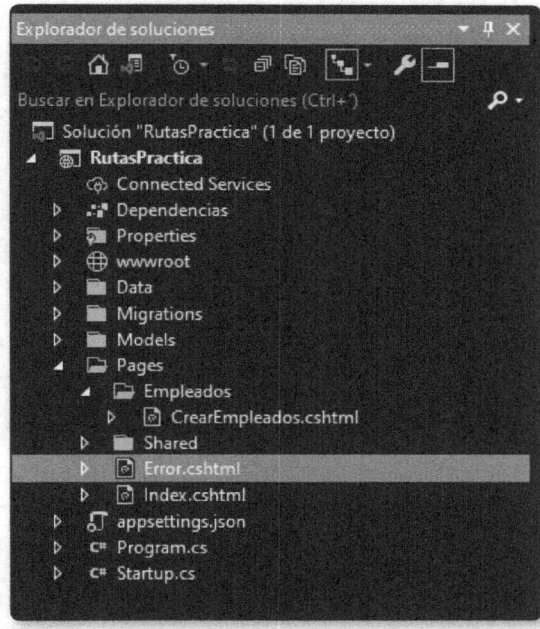

Figura 5.2. Una vez limpio el proyecto de archivos innecesarios, debería verse de esta forma.

5.2 CREACIÓN DE NUEVOS MODELOS

Como se explicó en el capítulo anterior, para generar vistas mediante scaffolding, es necesario tener los modelos ya creados. Entonces, dirígete a la carpeta **Models**, y en su interior, crea una clase. Haz clic derecho sobre la carpeta, desplázate hasta la opción **Agregar** y selecciona la anteúltima opción, **Clase** (**Figura 5.3.**).

En la ventana que aparece, selecciona la opción **Clase** y colócale como nombre **Oficina.cs**. Dentro de la programación orientada a objetos, la convención es nombrar a las clases en singular, para evitar confusiones. En cambio, las colecciones de datos suelen nombrarse en plural (**Figura 5.4.**).

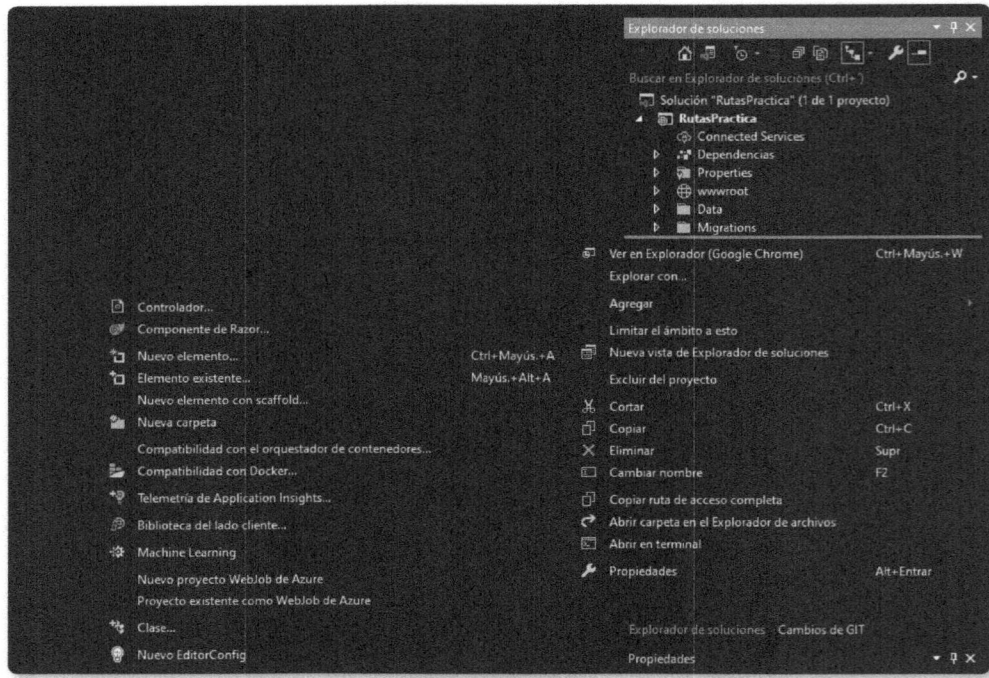

Figura 5.3. Elige la opción Clase, dentro del menú Agregar, en la carpeta Models.

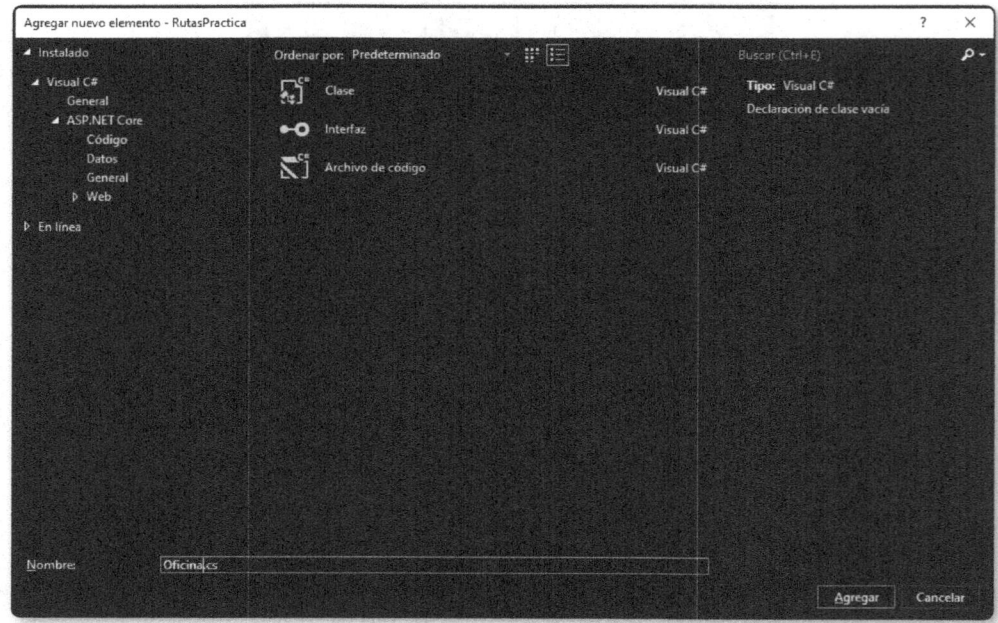

Figura 5.4. El nombre del nuevo modelo será Oficina.

Una vez creado el modelo **Oficina**, haz la misma operación para crear el modelo **Cliente**; recuerda que debes colocarlo dentro de la misma carpeta **Models** y que debe ir en singular.

A continuación, tendrás que colocar los campos de clases que le correspondan a cada uno. En el caso del modelo **Oficina**, deberá tener un ID o campo clave, algo que todas las clases modelo comparten; una ubicación, que puede ser un **string**; una cantidad máxima de empleados, que será un número entero; y por último, un campo booleano que indique si se atiende allí a los clientes o no.

La clase **Oficina** debería verse similar a esta:

```
public class Oficina
{
    public int id { set; get; }
    public string ubicacion { set; get; }
    public int cantidadMaximaEmpleados { set; get; }
    public bool atencionClientes { set; get; }
}
```

De la misma forma, tendrás que dar los campos de clase necesarios a la clase **Clientes**, antes de hacer el scaffolding.

Esta clase tendrá en su interior un campo clave llamado **id**, para continuar con la nomenclatura usada; un campo de tipo **string** para el nombre; otro campo para el teléfono; y otro para el correo electrónico; todos ellos son cadenas de caracteres.

Por último, puedes agregar un campo de tipo entero llamado **cantidadCompras**, que guarde la cantidad de veces que el cliente realizó una compra a la empresa.

La clase **Cliente** se verá de la siguiente manera:

```
public class Cliente
{
    public int id { set; get; }
    public string nombre { set; get; }
    public string telefono { set; get; }
    public string email { set; get; }
    public int cantidadCompras { set; get; }
}
```

Una vez creados los dos modelos necesarios para trabajar con el scaffolding, guarda tu trabajo y haz clic derecho sobre la carpeta **Pages**.

En este punto, existen dos opciones para trabajar las páginas en scaffolding: puedes crear subrutas, como aprendiste a hacer en capítulos anteriores; o puedes crearlas dentro de la carpeta **Pages** directamente y evitar usar rutas más largas de lo necesario. La carpeta **Empleados** será para utilizar distintos tipos de empleados con diferentes modelos que pueden variar entre empleados contables, desarrolladores, comerciales, y otros. Pero si solo deseas colocar un tipo de oficina y un tipo de cliente, sin problemas podrías mantener todo dentro de la carpeta **Pages**, y evitar rutas y subrutas; eso ya queda a tu criterio. En esta ocasión, y para mantener una nomenclatura y una estructura similares en cada elemento, usaremos dos carpetas más.

Si decides crear una carpeta para cada página, haz clic sobre **Clientes**, desplázate hacia la opción **Agregar**, y en el menú que se abre, selecciona **Nuevo elemento con Scaffold**. En la ventana que aparece, selecciona la opción **Página de Razor que usa Entity Framework** y presiona sobre **Agregar**. En la siguiente ventana, colócale como nombre **CrearCliente**, selecciona como plantilla **Create**, y elige como modelo la clase modelo **Cliente**. Si realizaste antes esta operación con la clase modelo Empleado en el capítulo anterior, no precisarás crear una **Clase de contexto de datos**, sino que ya estará seleccionada por defecto (**Figura 5.5.**).

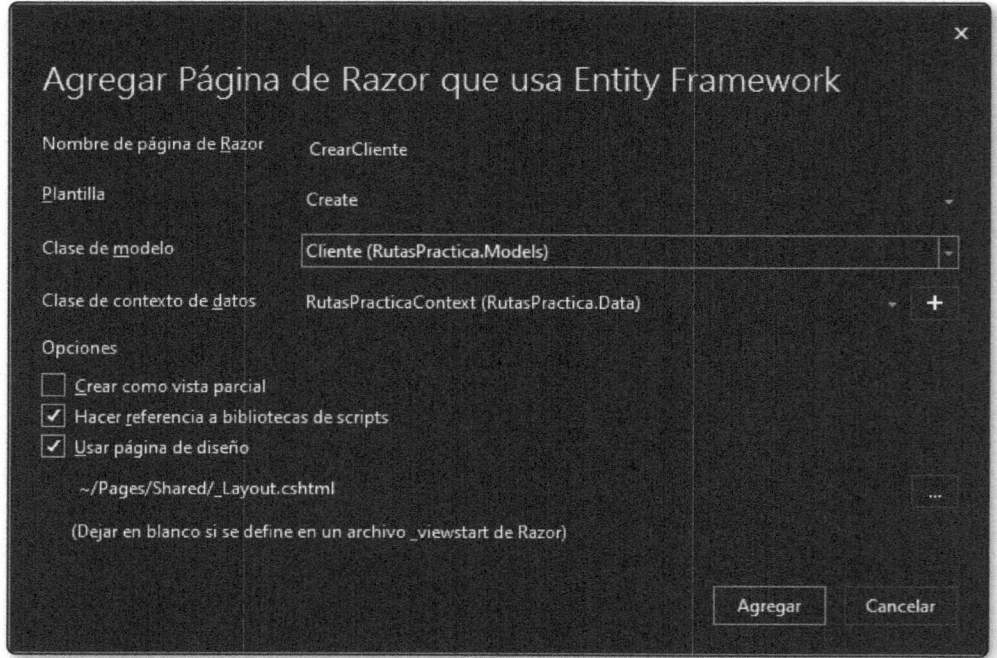

Figura 5.5. Agregar elementos con scaffolding se va tornando más sencillo a medida que lo haces varias veces.

Una vez que haces clic en **Agregar**, tendrás que realizar la misma operación sobre la carpeta **Oficinas**, para crear la página con scaffolding. En esta ocasión, colócale como nombre **CrearOficina**, utiliza como plantilla **Create**, y como Clase modelo, usa la clase **Oficina** generada antes.

Después de realizar ambos procesos, tendrás tanto la página **cshtml** creada para cada modelo, como sus correspondientes **ViewModels**. Tu proyecto de Razor Pages debería tener ahora una estructura similar a la **Figura 5.6.**:

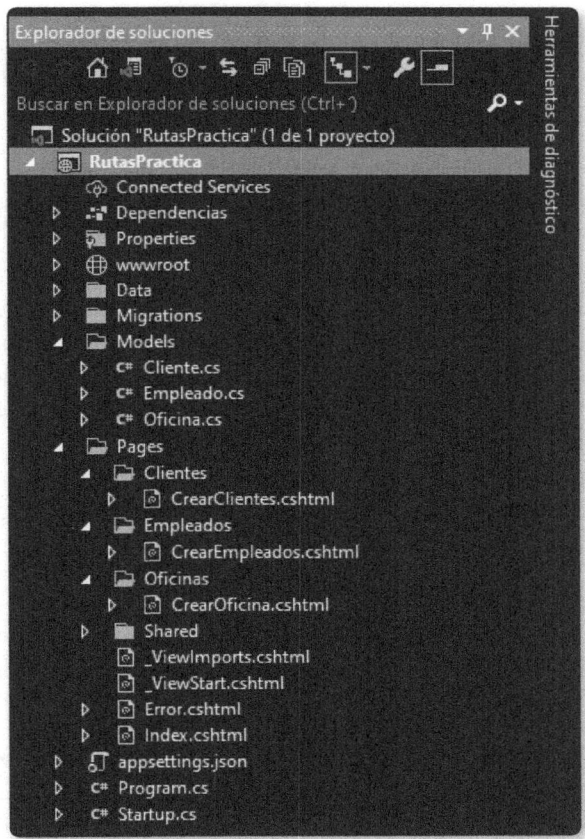

Figura 5.6. El proyecto ahora cuenta con tres modelos, y tres páginas creadas con scaffolding.

Si lo deseas, puedes lanzar la aplicación y acceder a las distintas rutas que hayas creado. Si has creado una carpeta para cada página correspondiente a un modelo, tus rutas deberían ser algo similar a /**Empleados/CrearEmpleado**, /**Clientes/CrearClientes** y, por último, /**Oficinas/CrearOficina**.

Los formularios se verán de manera similar a esta:

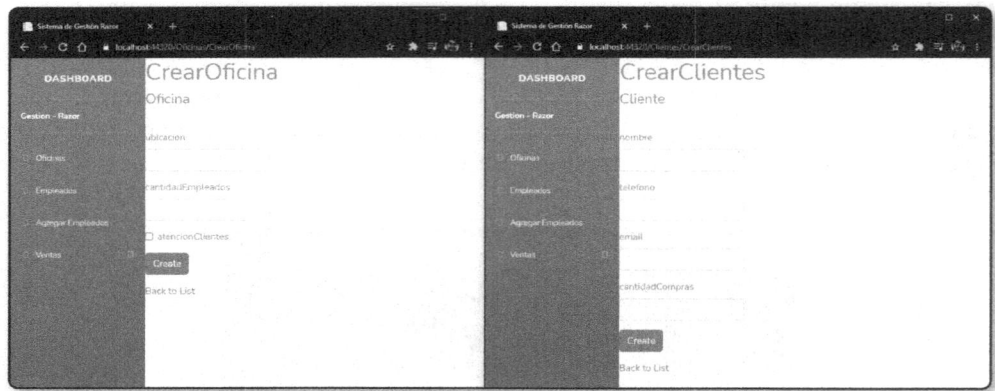

Figura 5.7. Los formularios se ven correctamente, pero tienen
algunos errores de estilo que corregirás más adelante.

Sin embargo, aunque la aplicación compile correctamente y se lance sin errores, recibirás errores si intentas enviar los formularios que acabas de crear. Esto se debe a que aún no has realizado las migraciones de cada modelo. La mayoría de los frameworks para desarrollo ofrecen algún tipo de sistema para evitar el uso de sentencias SQL en los motores de bases de datos, y permiten crear las tablas necesarias para tu aplicación sin escribir nada de código SQL. .NET no es la excepción, y mediante los comandos que viste en el capítulo pasado, podrás crear las tablas dentro de tu base de datos local.

Para lograrlo, dirígete al menú contextual de Visual Studio y elige la pestaña **Herramientas**. Coloca el mouse sobre la opción **Administrador de Paquetes NuGet**, y sobre el menú desplegable, selecciona **Consola del Administrador de paquetes**.

Una vez hecho esto, se abrirá una terminal de PowerShell. Si esta es la primera vez que ejecutas una migración en tu proyecto, y no has migrado ningún modelo con anterioridad, necesitarás ejecutar dos comandos. En primer lugar, **Add-Migration InitialCreate**, para crear una nueva migración; luego, **Update-Database**, para actualizar la base de datos.

En cambio, si ya has realizado una migración, como se hizo en el capítulo anterior, deberás crear una nueva migración antes de actualizar la base de datos. Para hacerlo, usa el comando **Add-Migration NuevosModelos** y ejecútalo. Una vez hecho esto, necesitarás ejecutar el comando **Update-Database** para actualizar la base de datos con los nuevos modelos creados.

Después de correr las migraciones, verás las nuevas tablas en el Explorador de objetos de SQL Server. Si te diriges al explorador, abres la ruta SQL Server (localdb) **MSSQLLocal** y miras en las bases de datos del proyecto, verás que hay tres tablas almacenadas allí, cada una correspondiente a cada modelo creado.

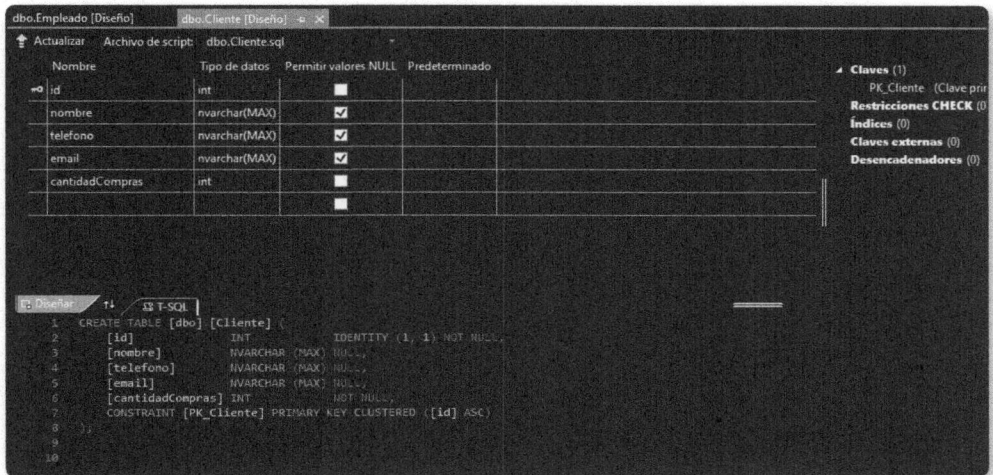

Figura 5.8. Las migraciones te ahorran el trabajo de crear sentencias SQL por cada tabla necesaria.

Debajo del diseño de la tabla, aparece la sentencia SQL que el framework generó por ti, para ahorrarte la necesidad de trabajar con el lenguaje de acceso a datos, algo que puede llevar tiempo y ser tedioso, dependiendo de la complejidad que requiera tu sistema.

5.3 MENSAJES DE ERROR

Una parte importante de toda aplicación es el testeo y análisis, que permite verificar que todo funcione correctamente y, en caso de que haya un error, saber comprenderlo y analizarlo con el fin de evitar que ocurra cuando la aplicación esté funcionado. Ahora que las tablas fueron creadas, puedes lanzar tu sistema desde Visual Studio para probar los formularios. Ingresa a cada una de las rutas y crea un nuevo empleado, un nuevo cliente y una nueva oficina.

Como podrás ver, el formulario de creación de oficinas tiene un campo llamado **Atención al cliente** de tipo **input checkbox**. Esta es una de las ventajas del uso del scaffolding, ya que permite crear formularios, incluso, con campos booleanos en caso de que así lo requieras.

Figura 5.9. Los campos booleanos en los modelos son tomados por ASP.NET como inputs de tipo checkbox.

Si llenas el formulario de creación de Oficinas y lo envías, te encontrarás con un error, que será similar al siguiente (**Figura 5.10.**):

Figura 5.10. Enviar el formulario lanza un error de vistas.

Sin embargo, si te diriges de nuevo al Explorador de objetos de SQL Server y abres la tabla **Oficinas**, podrás ver que hay un nuevo registro en la tabla, con los datos que especificaste dentro del formulario.

Esto se debe a que el error que encontró la aplicación no es por una excepción en la base de datos, en el guardado de registros, ni en el formulario, sino que se encontró cuando el programa terminó de almacenar los datos e intentó redireccionarte hacia una vista que no has creado o que aún no existe.

¿Cómo puedes entender esto? Si prestas atención al mensaje de error, en la parte superior hay una línea que dice **"No Page Named ./Index"**. Esto es porque no existe ninguna vista llamada Index dentro de la carpeta Oficinas, y si abres el archivo creado con scaffolding, **CrearOficina.cshtml.cs**, la clase **ViewModel** que trabaja junto con el formulario, puedes ver que la última instrucción dentro del método **OnPostAsync()** es la siguiente:

```
return RedirectToPage(«./Index»);
```

Es decir que, luego de almacenar los datos que ingresas por medio del formulario, el programa redirecciona directamente a la página **Index** que se encuentra dentro de esa ruta. Al no encontrarla, se lanza una excepción.

Para solucionar este error, existen dos alternativas posibles. Una vez que el formulario es enviado y los datos son guardados, necesitas decidir hacia dónde quieres mandar al usuario; es decir, deberías redireccionarlo hacia alguna página. Por un lado, tienes la opción de redireccionarlo hacia una página ya existente; por el otro, puedes crear una página llamada **Index** dentro de la misma carpeta Oficinas.

Algo muy común dentro de las aplicaciones que manejan información con bases de datos es que, luego de crear o actualizar un registro, se envíe al usuario hacia una página que liste los registros que ha actualizado; en este caso, se podría crear una página que muestre todas las oficinas de la base de datos.

5.4 LISTAR LA BASE DE DATOS

Para llevar al usuario hacia la página **Index** dentro de empleados, será necesario crearla mediante scaffolding, de la misma forma en que lo hiciste con las páginas **CrearEmpleados**, **CrearOficinas** o **CrearClientes**.

Haz clic derecho sobre la carpeta **Oficinas** y coloca el mouse sobre la opción **Agregar**; en el menú desplegable, selecciona **Nuevo Elemento con Scaffolding**. Elige **Página de Razor que usa Entity Framework** y, dentro de las opciones de creación de la nueva página, colócale como nombre **Index**; luego escoge la opción **Plantilla List**.

Necesitarás realizar la misma operación para los otros tres modelos, uno dentro de la carpeta **Clientes** y otro dentro de la carpeta **Empleados**.

Una vez que lo hayas hecho, lanza la aplicación y ve a la ruta **/Oficinas/CrearOficina**. Allí coloca los datos que quieras para crear una nueva oficina y haz clic sobre el botón para enviar el formulario. La aplicación te redireccionará directamente a la ruta **/Oficinas**, donde verás una tabla con las oficinas creadas con anterioridad.

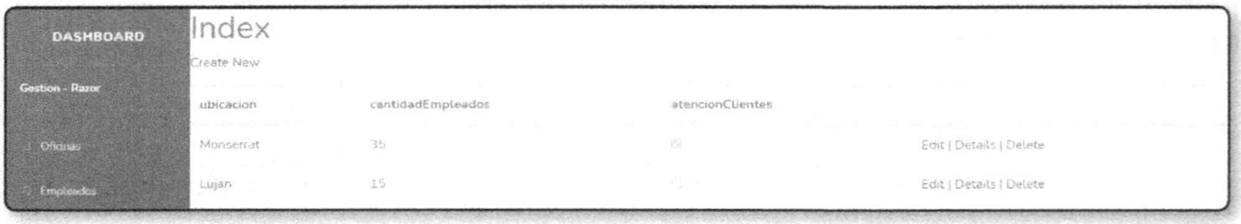

Figura 5.11. El scaffolding te libera de tareas como la construcción de tablas y maquetas HTML desde cero.

Como puedes ver, sin necesidad de crear una tabla en HTML, Visual Studio creó una por ti que muestra las oficinas de la base de datos. Esta es una ventaja sobre la creación de elementos por cuenta propia, y también puedes realizar la misma tarea sobre los demás modelos de la aplicación.

Si te diriges a la ruta **/Empleados/CrearEmpleados**, puedes ver el formulario creado y, una vez que completas los campos y lo envías, te dirigirá hacia la página **Index**, la cual mostrará otra tabla, esta vez, con los empleados de la base de datos.

5.5 DETALLES DE LA MAQUETA

La funcionalidad de la aplicación está lista, pero aún necesita ciertos ajustes para que sea mucho más fácil de utilizar. Comienza por ir al archivo **_Layout**, que se encuentra dentro de la carpeta **Shared**, en el interior de la carpeta **Pages**.

La navegación debe servir a los usuarios para permitirles moverse por las rutas de la aplicación sin necesidad de tener que escribir la URL en el navegador. Dentro de la navegación, hay cuatro links, los cuales funcionarán como navegación simple, dentro de una lista desordenada en **HTML**.

Cada link en el navegador tiene este código **HTML**:

```
<li class="nav-item">
   <a class="nav-link" href="#">
      <i class="fas fa-fw fa-table"></i>
   <span>Oficinas</span>
      </a>
</li>
```

En este caso, en el navegador se muestra un link con el texto Oficinas. Pero para que al cliquear sobre el botón el navegador se mueva hacia esa ruta, es necesario utilizar el atributo de ASP.NET **asp-page=""**. Este funciona de manera similar al atributo **HTML href**, permitiéndote especificar la ruta de la página a la que deseas que redireccione el hipervínculo.

Colócale a cada link en la navegación un atributo **asp-page**, que redirija a cada uno de los sectores de la aplicación:

```
<a class="nav-link" asp-page="Oficinas/Index">
   ...
   <span>Oficinas</span>
</a>

<a class="nav-link" asp-page="Empleados/Index">
   ...
   <span>Empleados</span>
</a>

<a class="nav-link" asp-page="Clientes/Index">
   ...
   <span>Clientes</span>
</a>
```

De esta forma, te será posible manejar la aplicación sin necesidad de escribir rutas dentro de la URL del navegador.

Sin embargo, también necesitarás links para llegar a la sección en la cual se agregan nuevos registros en la base de datos. Para ello, ingresa en el archivo **Index. cshtml**, dentro de la carpeta **Empleados**, y reemplaza en el link encima de la tabla este código:

```
<p>
   <a asp-page="CrearEmpleados">Create New</a>
</p>
```

Luego, realiza la misma operación dentro de la vista para las oficinas y para los clientes.

También puedes modificar los formularios y los elementos de la aplicación que se listan junto a la barra de navegación, para evitar que los bordes se vean pegados y sin margen. Para hacerlo, busca la instrucción **RenderBody()** dentro de **_Layout**, y agrega el siguiente código:

```
<div id="content-wrapper" class="d-flex flex-column">
    <div class="container">
      <div class="row">
        <div class="col-md-9">
        @RenderBody()
        </div>
      </div>
    </div>
</div>
```

De esta manera, los elementos en la página se verán más organizados y no ocuparán todo el espacio de la pantalla que tienen disponible.

Figura 5.12. Con pocas clases de Bootstrap, es posible dar estilo rápidamente a un sitio web.

Ahora cuentas con una aplicación que te permite almacenar datos y visualizarlos en ASP.NET, utilizando la simpleza de Razor Pages.

5.6 ACTIVIDADES

A continuación, se presentan las preguntas y los ejercicios que deberías saber responder y resolver, para considerar aprendido el capítulo.

5.6.1 Test de autoevaluación

1. ¿Qué es una migración?

2. ¿En qué puede ayudarte crear una migración?

3. ¿En qué situaciones es útil utilizar scaffolding?

*4. ¿Para qué sirve el atributo ASP.NET **asp-page**?*

5.6.2 Ejercicios prácticos

*1. Dirígete a la carpeta **Models** de la aplicación y crea una nueva clase, llamada **EmpleadosContables**.*

*2. Colócale los mismos atributos que a la clase **Empleado**, pero súmale **RegistrosCreados** y **FacturasCreadas**, de tipo entero en ambos casos.*

*3. Luego crea otra clase, llamada **EmpleadoDeveloper**, y colócale los atributos **BugsReparados** y **AplicacionesCreadas**, de tipo entero en ambos casos.*

4. Crea las migraciones para los dos casos, y el scaffolding para generar y listar estos nuevos tipos de registro.

5. Usa los formularios para crear dos desarrolladores y dos empleados contables.

GLOSARIO

▸ **ASP Classic**: *Active Server Pages*, creado por Microsoft como una plataforma de desarrollo del lado del servidor e introducida en 1998, por lo general, en Visual Basic Script.

▸ **Campo autonumérico**: En bases de datos relacionales, estos campos se caracterizan por aumentar a medida que se insertan registros, tradicionalmente, de a uno y de manera ascendente.

▸ **Campo Clave**: El campo clave de una tabla funciona como identificador para el registro, dado que es único en la tabla, no puede repetirse y ningún registro puede no poseer uno.

▸ **CDN** (*Content Delivery Network*, o red de distribución de contenidos): Permite el acceso por medio de Internet a distintas librerías y código open source.

▸ **CLI** (*Command Line Interface*, o interfaz de línea de comandos): Permite trabajar con ASP.NET por fuera de Visual Studio.

▸ **CRUD**: Las operaciones CRUD suelen realizarse sobre bases de datos, siendo por lo general de lectura, escritura, eliminación y actualización.

▸ **Docker**: Herramienta utilizada para empaquetar y desplegar sistemas que requieren de un control de dependencias complejo.

▸ **Enrutar**: Hace referencia a encaminar mediante código; en este caso, mediante un lenguaje de programación, se encamina al usuario hacia una vista u otra.

▸ **GET**: Una petición GET funciona bajo el protocolo HTTP, permitiendo enviar datos desde el servidor hacia un navegador y viceversa, sin codificación y con límite de datos.

▼ **Git**: Herramienta de control de código muy popular, desarrollada por Linus Torvalds, creador de JQuery, una librería de JavaScript para el lado del cliente, que permite acceder a código y a funciones útiles para este lenguaje en páginas web.

▼ **HTTP**: Protocolo para el envío de datos a través de Internet, por medio de distintos métodos que proporcionan diferentes niveles de seguridad.

▼ **HTTPS**: Versión encriptada y segura del protocolo HTTP.

▼ **IIS Express**: Versión ligera del servidor de aplicaciones para la Web de Microsoft que permite Intellisense, un sistema de sugerencias y de autocompletado para un entorno de desarrollo, que facilita el trabajo de los programadores.

▼ **NuGet**: Tipos de paquetes con archivos compilados, con formato .dll. NuGet es el gestor de paquetes por defecto en .NET, que permite compartir y acceder a código externo.

▼ **MSSQLLocal**: Visual Studio permite la gestión de bases de datos mediante una versión más ligera de SQL Server.

▼ **Oracle**: Base de datos creada por la empresa del mismo nombre, de tipo SQL o relacional.

▼ **POST**: Tipo de petición http que encripta los datos enviados y no presenta límite de información.

▼ **PowerShell**: Terminal desarrollada por Microsoft para entornos Windows, que permite la creación y ejecución de scripts.

▼ **Refactor**: Técnica por medio de la cual se reestructura y reorganiza el código fuente de una aplicación.

▼ **SDK** (*Software Development Kit*): Conjuntos de herramientas y librerías para desarrollo bajo alguna plataforma.

▼ **Sentencia SQL**: Instrucción creada en el lenguaje de acceso a datos, por lo general para realizar operaciones sobre los datos de una o varias tablas.

▼ **Spring**: Uno de los frameworks más populares y utilizados en Java y en el mundo del desarrollo en general.

▼ **SQLite**: Base de datos SQL caracterizada por ser muy ligera y con un manejo de datos sencillo.

▼ **SQL Server**: Gestor de bases de datos creado por Microsoft, que suele utilizarse junto a aplicaciones ASP.NET.

- ➤ **TIOBE**: La lista de lenguajes TIOBE es uno de los índices más populares que muestra el ranking de los lenguajes de programación más utilizados y demandados.

- ➤ **Unity**: Plataforma de desarrollo para videojuegos, en conjunto con el lenguaje C#.

- ➤ **Visual Studio Community**: Versión de Visual Studio gratuita, que mediante una cuenta de Microsoft, ofrece acceso ilimitado a sus herramientas.

- ➤ **Web Forms**: Representa una plataforma de desarrollo, que actualmente no forma parte de ASP.NET Core, dado que se planteó como reemplazo para la misma Razor Pages.

Parte 2

ASP. NET CORE. MODELO MVC

Primeros pasos
Estilo
ASP.NET Core
Relaciones
Glosario

6

PRIMEROS PASOS

ASP.NET se lanzó al mercado en 2002, como el sucesor de la plataforma ASP clásica, utilizada en el mundo del desarrollo de sitios web dinámicos. Tuvo distintas versiones desde su lanzamiento, y se fue actualizando de manera regular con diversas mejoras.

6.1 .NET CORE

En el volumen anterior de esta colección, te introdujiste en el ecosistema de desarrollo .NET con una base sólida en el desarrollo de Razor Pages. Esto te permite crear sistemas web escalables, a la vez que es una herramienta muy eficaz para aquellos casos en los que deseas algo más ligero que un framework completo, con todas las librerías disponibles, y prefieres un entorno algo más liviano y sin elementos que no vas a utilizar.

En este volumen, verás en detalle el trabajo con ASP.NET Core, considerado el framework que Microsoft plantea para el desarrollo web en la comunidad.

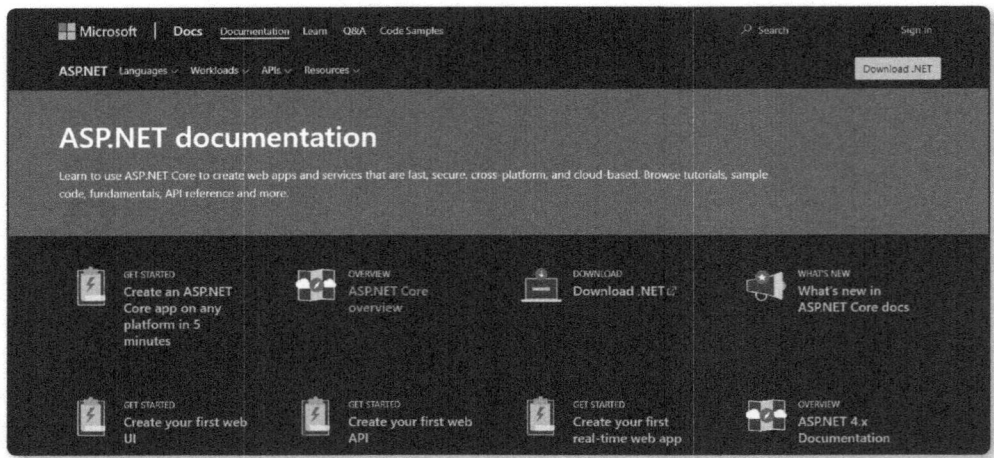

Figura 6.1. ASP.NET Core se presenta como un entorno completo de Microsoft.

ASP.NET Core, como sus creadores lo definen, es un rediseño de la plataforma ASP.NET 4, y se presenta como un framework mucho más modular y limpio. Microsoft apuesta a esta herramienta como una carta competidora ante otras tecnologías muy utilizadas en el mercado con los mismos objetivos: Laravel, el framework de desarrollo para PHP más popular; Spring, el framework del lenguaje Java, una de las tecnologías y ecosistemas más empleados para el desarrollo dentro y fuera de la Web; y otras alternativas como Django, un entorno de trabajo para el lenguaje Python. Hoy es posible, incluso, crear aplicaciones web completas, tanto en el cliente como en el servidor con JavaScript, utilizando Node.JS, con frameworks como Express y Angular. Frente a tantas alternativas a las que los desarrolladores pueden acceder, Microsoft ofrece una plataforma que pueda distinguirse de las demás, con características muy interesantes.

ASP.NET Core presenta distintas ventajas, que lo vuelven una buena opción para el desarrollo en Internet. El framework se distingue por ser multiplataforma, una característica que tenían los competidores en el pasado y que les permitía escapar del entorno Windows. Ahora fue adoptada por ASP.NET Core, con lo cual puede correr bajo plataformas como MacOS, Linux y, por supuesto, Microsoft Windows.

La plataforma es **open source**, es decir, de código abierto. Esto significa que la comunidad de desarrollo puede distribuir, mejorar y utilizar de forma libre el framework ASP.NET Core. También es posible correr las aplicaciones creadas en este entorno junto con herramientas como Docker, servidores **Apache**, **Nginx**, **IIS** y **HTTP.sys**, entre muchos otros.

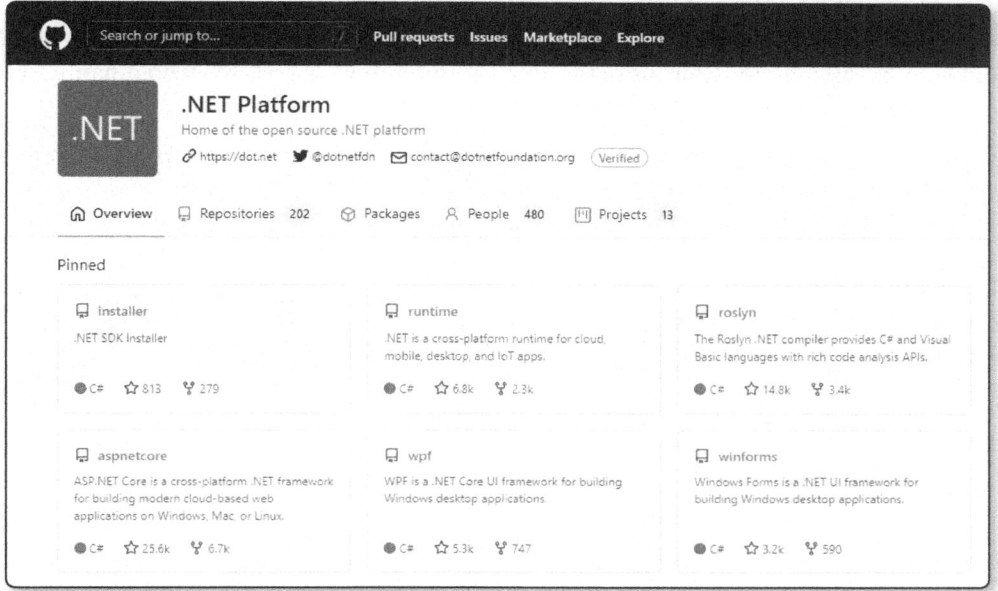

Figura 6.2. Microsoft ha llegado a la comunidad open source con repositorios públicos en GitHub.

Su orientación hacia el patrón de desarrollo Modelo Vista Controlador permite que aquellos desarrolladores que han utilizado tecnologías o frameworks que implementan esta técnica puedan aprender este entorno de trabajo con mucha más facilidad.

.NET es el framework de desarrollo de Microsoft, que nació en 2001 como una solución de desarrollo para distintos tipos de software. ASP es la sigla de Active Server Pages, páginas web dinámicas que corren en un servidor. Esta tecnología fue suplantada por ASP.NET en 2002, y Core es la nueva actualización del framework, hoy en su versión 5.0.

La plataforma de Microsoft es una gran alternativa dada la cantidad de opciones que ofrece a los desarrolladores, con soluciones a diversos problemas, como **Xamarin** para el desarrollo móvil, **Unity** en conjunto con C# como plataforma para la creación y programación de videojuegos, o incluso Azure como solución Cloud, entre muchísimos otros ambientes.

Otra característica interesante de ASP.NET es la posibilidad de trabajar con gran flexibilidad. Es una solución full stack, es decir que permite crear una aplicación web completa. En el back end, permite establecer la conexión con una base de datos, y crear la lógica de aplicación que los gestiona, devuelve, modifica, elimina o relaciona e, incluso, los almacena dentro de la base y de sus tablas, mediante consultas SQL. También permite trabajar con el front-end, utilizando HTML y CSS clásico, JavaScript y librerías como JQuery o Bootstrap para ayudar en el desarrollo del lado del cliente: mostrar los datos, crear formularios e interfaces web dinámicas, que se generan junto con la información, e interactuar con el servidor.

A su vez, la flexibilidad del framework le permite trabajar con tecnologías del lado del cliente, como Angular, un popular framework de JavaScript desarrollado y mantenido por Google, que da la posibilidad de separar por completo el back-end del front-end; o **React**, una librería creada por Facebook con el objetivo de desarrollar aplicaciones web con el lenguaje JavaScript. Incluso, es posible utilizar ASP.NET junto a plataformas para desarrollo móvil nativo, como **Ionic** o **React Native**, separando una API de un sistema para dispositivos móviles Android e iOS.

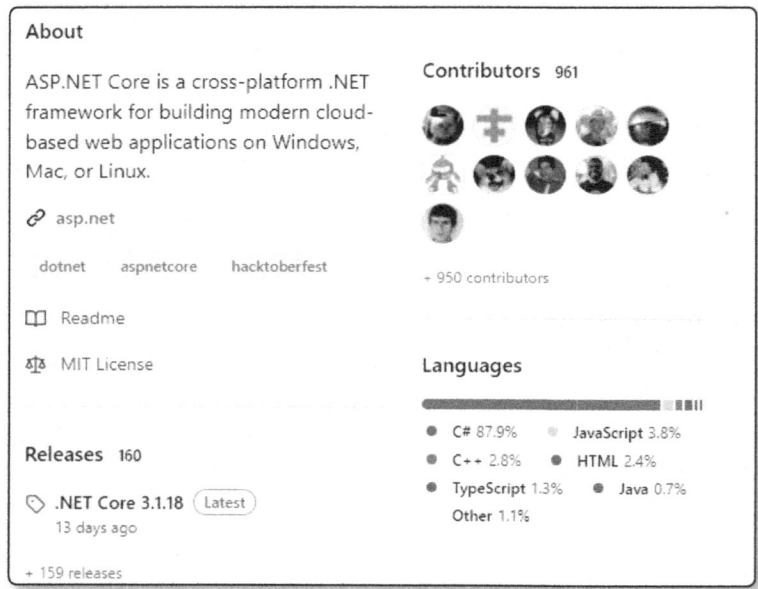

Figura 6.3. El framework Core de ASP.NET cuenta con una gran cantidad de colaboradores y recursos.

ASP.NET Core trabaja bajo el patrón de desarrollo MVC, separando la lógica del proyecto, del código utilizado para las vistas, del sistema de bases de datos y los modelos empleados para trabajar con las tablas SQL. Este permite crear aplicaciones modulares, escalables y mucho más robustas, con distintas partes independientes. El modelo de una aplicación hace referencia a la clase modelo que se utiliza para las bases de datos que la componen, que se usa como prototipo del cual se generan las tablas, si se trata de una base de datos SQL, y que permite estructurar la información. Esto cobra gran importancia si el desarrollador conoce sobre la programación orientada a objetos o si posee una base en este paradigma. Las vistas contienen todo el código necesario para renderizar información; esto es, código HTML, CSS, JavaScript e, incluso, Razor, empleado para generar bucles y condicionales, e imprimir variables o datos de un objeto. Por último, los controladores son los elementos que se encargan de unir todo esto, utilizando código mediante el cual se administran peticiones y solicitudes, y se retornan respuestas.

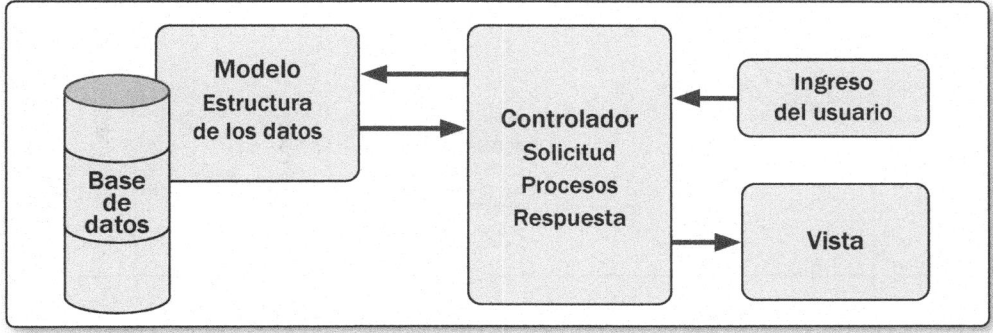

Figura 6.4. El patrón MVC es uno de los más utilizados dentro del desarrollo web.

Una vez que has comprendido los principales detalles y características del framework de Microsoft, es momento de comenzar a crear la primera aplicación ASP.NET Core.

6.2 PRIMERA APLICACIÓN ASP.NET CORE

Para comenzar a desarrollar en ASP.NET, crear una aplicación de Razor Pages, un sistema bajo el framework Core o una API completa, es necesario contar con algunos programas instalados en el ordenador. En primer lugar, debes tener el SDK .NET, con el cual se trabajó en el volumen anterior.

En caso de que precises instalarlo, puedes acceder a él desde este enlace: **https://dotnet.microsoft.com/download/dotnet/5.0**. Allí puedes obtener la última versión, tanto para Windows como para Linux, en arquitecturas de 64 o 32 bits, y también para MacOS. Una vez instalado, necesitarás tener en tu ordenador el entorno de desarrollo integrado Visual Studio, un IDE creado por Microsoft que permite trabajar con **C#** o **Visual Basic**, y también tiene soporte para otros lenguajes, como **C++**, Fortran y **Python**, entre muchos otros. Este entorno se encuentra disponible para Windows y MacOS, con lo cual si estás trabajando bajo Linux, deberás utilizar un entorno como Visual Studio Code, un editor de código ligero desarrollado en conjunto por Microsoft, de código abierto, que te permitirá ejecutar por consola los comandos necesarios para el trabajo con el SDK .NET.

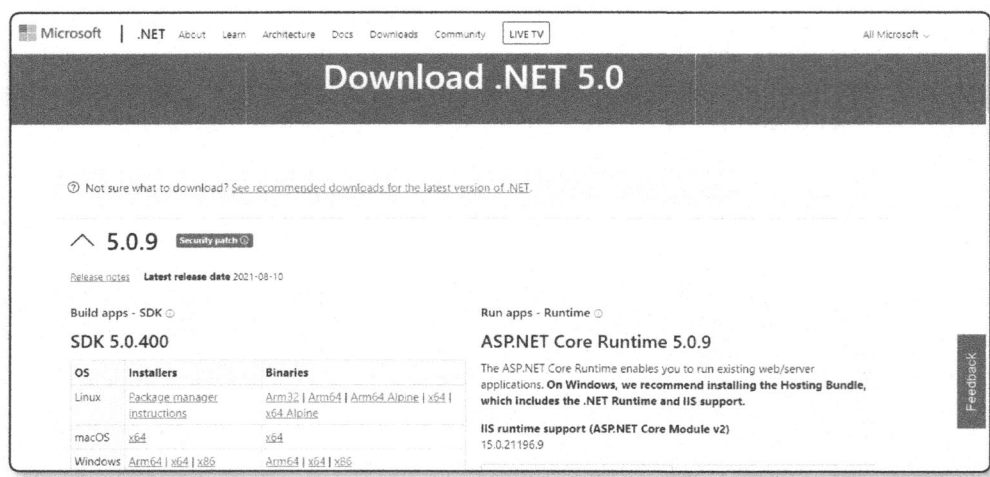

Figura 6.5. SDK .NET se encuentra disponible para los sistemas
operativos más utilizados en la actualidad.

Una vez instalado todo el software necesario, comienza por abrir Visual
Studio y elige la opción para crear un nuevo proyecto. Entre las múltiples opciones
que ofrece, busca **Aplicación Web de ASP.NET Core** (Modelo-Vista-Controlador)
y presiona **Siguiente**.

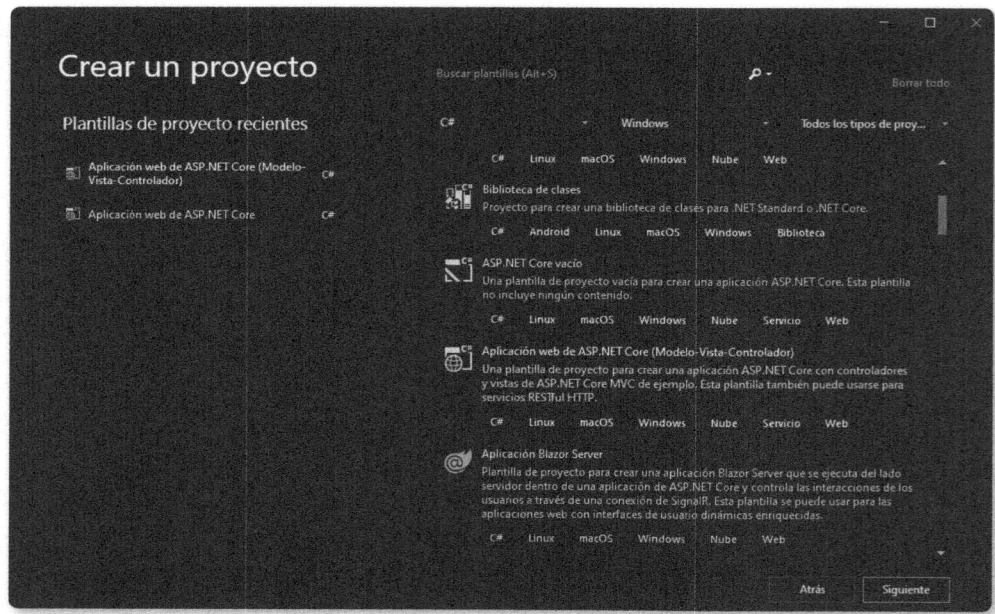

Figura 6.6. Visual Studio ofrece una gran cantidad de plantillas de proyecto.

En la próxima pantalla encontrarás una sección donde puedes elegir el nombre del proyecto, así como también la ubicación en tu ordenador. Por último, selecciona la plataforma de desarrollo con la cual se creará la aplicación web; se recomienda trabajar con .NET 3.1, para tener una máxima compatibilidad.

En el tipo de autenticación, selecciona **cuentas individuales**, y marca la casilla **Configurar** para **HTTPS**, para que el servidor de prueba cuente con un certificado SSL. Si seleccionas **Habilitar compilación en tiempo de ejecución de Razor**, no tendrás que reiniciar el servidor luego de cada cambio que realices en la aplicación (**Figura 6.7.**).

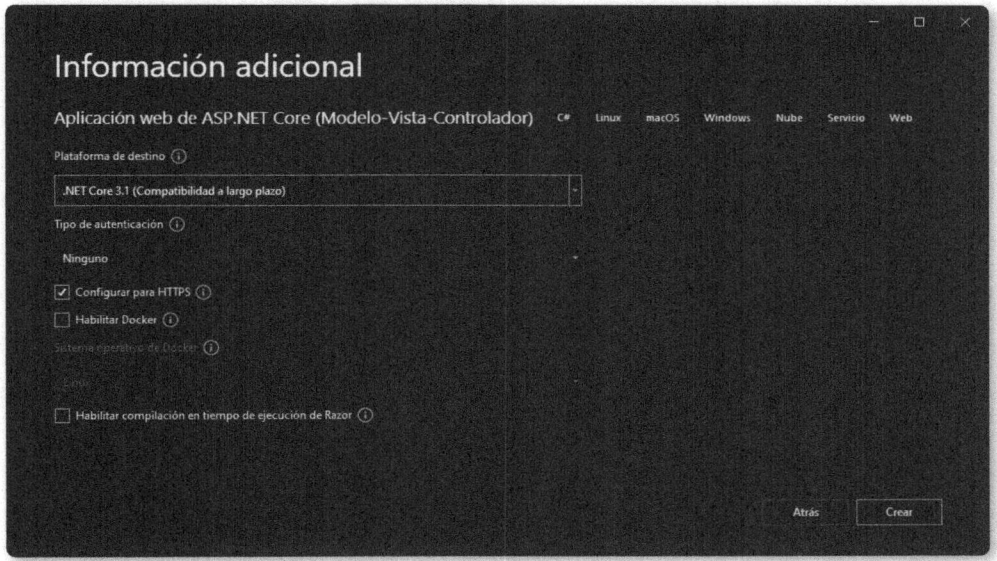

Figura 6.7. En esta pantalla tendrás que seleccionar la plataforma,
junto con el tipo de autenticación y otros detalles.

Después de este último paso, verás una pantalla similar a la de la imagen, con el proyecto ya creado y la estructura de directorios que se generó, a la derecha de la pantalla, en el explorador de soluciones.

Figura 6.8. Una vez creado el proyecto, lo verás abierto dentro de
Visual Studio junto con todos los directorios y archivos.

Para ver el explorador de la base de datos, si no se ha abierto aún, puedes ir al menú contextual, entrar a la pestaña **Ver** y elegir la opción **Explorador de objetos de SQL Server**.

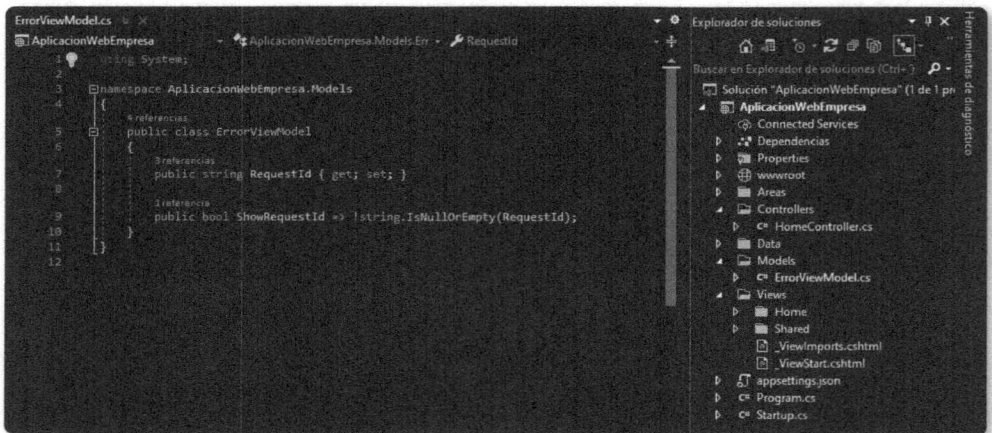

Figura 6.9. El menú de Visual Studio permite ocultar y mostrar varias funciones y menús.

Una vez creado el proyecto, puedes comenzar a explorar las distintas carpetas que se han generado de manera automática y visualizar su contenido en el editor de código. Si has trabajado siguiendo las indicaciones del volumen anterior de esta entrega, verás que tiene una mayor cantidad de elementos que un proyecto simple de Razor Pages. En este caso, ASP.NET Core contiene varias carpetas, en particular, **Model**, **View** y **Controller**, que hacen referencia a los distintos módulos del patrón de desarrollo sobre el cual se trabaja.

6.3 ESTRUCTURA DE ASP.NET CORE

A la hora de comenzar a utilizar cualquier framework de desarrollo, es importante conocer la estructura de directorios que este posee, lo cual permite trabajar de forma más rápida, encontrar componentes con velocidad y crear elementos en la sección correcta, entre muchas otras cuestiones.

Al igual que en los proyectos de Razor Pages, están los archivos **Program. cs** y **StartUp.cs**, que se encargan de la configuración del framework y del inicio de la aplicación en el servidor, definiendo rutas, cargando archivos necesarios e iniciando la configuración definida. El archivo **appsettings.json** establece datos importantes de la aplicación, como la cadena de conexión con la base de datos.

La carpeta **wwwroot**, que también se encuentra en la raíz de la aplicación (al igual que en los proyectos Razor), contiene archivos con recursos estáticos, como librerías de estilos, archivos CSS, JavaScript e imágenes. Por defecto, los proyectos de ASP.NET, tanto de Razor Pages como del framework Core, utilizan las librerías de estilos Bootstrap, un proyecto muy popular que actualmente es uno de los repositorios más descargados y visitados de GitHub. Esta librería de estilos y código JavaScript permite dar un diseño rápido y profesional a un sitio web, sin necesidad de escribir cientos de líneas de código CSS.

La carpeta **Model** se encarga de almacenar las clases que trabajan como estructura de los datos, es decir, como prototipos o moldes, desde los cuales la información que se almacenará en una base de datos toma su estructura. Esto se logra mediante la programación orientada a objetos. La definición de clases permite al desarrollador generar objetos basados en esas clases; por ejemplo:

```
using System;

namespace AplicacionWebEmpresa.Models
{
public class ErrorViewModel
{
    public string RequestId { get; set; }

    public bool ShowRequestId => !string.IsNullOrEmpty(RequestId);
}
}
```

Como puedes ver, este es un modelo clásico de ASP.NET. Se trata de una clase de C#, definida dentro de un **namespace**, que contiene algunos atributos en su interior.

Todos los objetos que se instancien de esta clase tendrán en su interior estas propiedades que se han definido en la clase, aunque solo sea necesario crearlas una única vez, en la clase.

La carpeta **Controllers** incluye todo el código necesario para responder a cada una de las peticiones que se realizan a la aplicación, generando consultas a la base de datos y respondiendo con los datos, insertando información o modificándola, y generando mensajes de respuesta que se insertan dentro de una vista.

El directorio **Views** almacena todo el código relacionado con las vistas, aquellos archivos que se renderizan con la información que debe ver el usuario: tablas con datos, formularios web, código HTML y, en su interior, directivas Razor embebidas que manipulan datos en forma dinámica.

Si lanzas la aplicación en este punto, verás cómo se abre en el navegador una simple página web, con algunos datos ya generados, como una navegación, un título y dos links; incluso, ya que has generado el scaffolding de login, habrá una sección para iniciar sesión y registrarse.

Para comenzar, será necesario trabajar con la estructura del diseño del sitio web que se va a crear. Para este caso, se requiere trabajar con un sistema que permita a los usuarios ingresar, ver las sucursales de la empresa, junto con las características que cada una ofrece, y también, buscar productos, ver dónde comprarlos, y obtener detalles como precio y cantidad disponible, entre otras características. Para lograrlo, deberás trabajar con el código HTML de la pantalla de inicio; así se verá más parecido a una pantalla de inicio de una empresa o institución, que permita a los usuarios buscar la información deseada.

El siguiente paso es comenzar a trabajar con la base del sistema. Cuando empiezas a trabajar en un proyecto, una buena idea es definir la estructura de los datos que se van a utilizar, y una vez hecho, utilizar estos modelos, algo en lo cual ASP.NET Core se destaca. El framework de Microsoft ofrece un ORM que permite abstraer al desarrollador del trabajo con la base de datos.

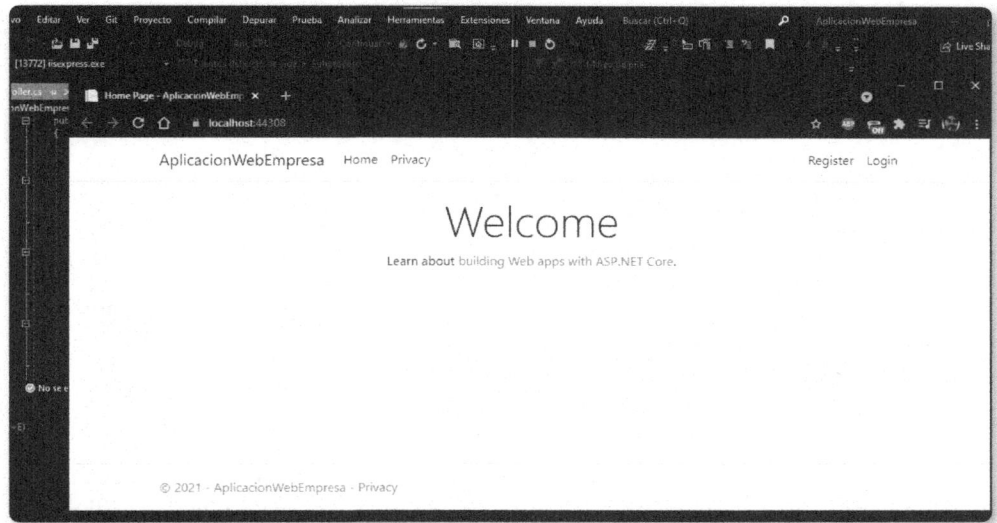

Figura 6.10. ASP.NET Core posee un andamiaje muy útil, que genera
código automáticamente para el desarrollador.

6.4 MODELOS Y ORM

ORM es la sigla de Object Relation Mapping, en español, mapeo de objeto
relacional. Se trata de una técnica por medio de la cual el software permite al
desarrollador abstraerse de una base de datos y, a través de la programación orientada
a objetos, convertir clases en un sistema de base de datos. En el caso de ASP.NET,
el ORM del framework Core es Entity Framework, una herramienta simple pero
potente que evita que el desarrollador deba crear tablas manualmente en un sistema
SQL, ya que, mediante una clase C#, se especifican los campos y tipos de datos que
debe tener cada estructura.

Para comenzar, dirígete a la carpeta **Models** del proyecto, dentro del
explorador de soluciones, y allí, haz clic derecho para abrir el menú contextual.
Selecciona **Agregar** y presiona sobre la opción **Clase**. Se abrirá una nueva ventana
en la cual tendrás que elegir la opción **Clase**; se desplegará un archivo en el editor
de código, con algo de código ya generado. Debes darle un nombre a la clase, que en
este caso será Sucursal, así como también crear algunos campos de clase, entre los
cuales estarán: nombre, dirección, teléfono, ciudad y empleados.

La clase debe tener el siguiente aspecto:

```
using System;

namespace AplicacionWebEmpresa.Models
{
    public class Sucursal
    {
    public int Id { get; set; }
    public string Nombre { get; set; }
    public string Direccion { get; set; }
    public string Telefono { get; set; }
    public string Ciudad { get; set; }
    public int Empleados { get; set; }
    }
}
```

Como puedes notar, también se agregó el campo de clase **Id**, que es de tipo entero. Siempre es una buena práctica trabajar con bases de datos y tablas utilizando un campo clave único, es decir, un identificador numérico que se encargue de diferenciar cada registro. Sin embargo, en este caso, como estás trabajando bajo un ORM, más que recomendable, esto se vuelve una necesidad. El campo **Id** es utilizado por Entity Framework, y por muchos otros ORM y sistemas similares, como una manera de buscar, relacionar y gestionar la información del sistema.

Por último, tendrás que generar un constructor vacío en la clase, es decir, el constructor por defecto:

```
public class Sucursal
{
    public Sucursal()
    {

    }
    ...
}
```

Ahora que has generado la primera clase del sistema, es momento de aprovecharlo para que el ORM trabaje con migraciones y gestione la base de datos por ti.

Para lograrlo, dirígete a la sección inferior, a la Consola del Administrador de Paquetes, para ejecutar comandos que generen la información. Si no encuentras la consola, abre la pestaña **Herramientas**, y en la sección **Administrador de paquetes NuGet**, habilítala. Una vez abierta, escribe en la terminal **add-migration** seguido de **"Migracion Sucursal"**, utilizando las comillas; este comando se encarga de generar una nueva migración en la carpeta **Data**. Aquí encontrarás una carpeta llamada **Migrations**, en la cual se listan algunos archivos.

Las migraciones son un sistema mediante el que puedes gestionar la información y, a su vez, llevar un registro por el cual se almacenen las interacciones con la base de datos, la creación de tablas, las operaciones de destrucción de tablas o borrados masivos de datos, entre otras operaciones. Una de las ventajas de las migraciones es que permiten crear una clase que genera la tabla por ti, sin necesidad de escribir código SQL.

Dentro de la carpeta **Migrations**, encontrarás un archivo con el año, mes y día actual, seguido del nombre **Migracion Sucursal** que acabas de especificar en el comando. Allí hay una clase llamada **MigraciónSucursal**, que hereda de la clase **Migration**, y que tiene dos métodos: uno llamado **Up**, que toma un objeto **MigrationBuilder** como parámetro y es de tipo **void**, es decir que no retorna nada; y otro llamado **Down**, con las mismas características.

Dentro del método **Up**, debes colocar qué columnas deseas que se generen automáticamente en la tabla, así como también qué campo funcionará como clave para la tabla, para lo cual tendrás que definir el siguiente código:

```
public partial class MigraciónSucursal : Migration
{
    public override void Up(MigrationBuilder migrationBuilder)
    {
        migrationBuilder.CreateTable(

        );
    }
}
```

Como puedes ver, debes utilizar el objeto **migrationBuilder** para crear una nueva tabla. A este método, tendrás que pasarle varios parámetros que serán objetos con información para la tabla. Coloca en su interior este código:

```
migrationBuilder.CreateTable(
    name: "Sucursal",
    columns: table => new
    {
    Id = table.Column<int>(
        nullable: false).Annotation("SqlServer:Identity", "1, 1"),
    Nombre = table.Column<string>(nullable: false),
    Direccion = table.Column<string>(nullable: false),
    Telefono = table.Column<string>(nullable: true),
    Ciudad = table.Column<string>(nullable: false),
    Empleados = table.Column<int>(nullable: true),
    },
    constraints: table =>
    {
```

```
    table.PrimaryKey("PK_Sucursal", x => x.Id);
  }
);
```

Este código se encarga de definir la estructura de la base de datos. Mediante cada atributo que se le pasa en el objeto en el segundo parámetro de este método, el ORM crea una columna en la tabla, y por medio de la propiedad **PrimaryKey**, define el campo clave de la tabla. Cuando un campo utiliza la propiedad **nullable** con el valor **true**, en la base de datos el campo puede aceptar valores nulos, datos vacíos. La creación de campos también habilita otros valores. Por ejemplo, puedes darle un valor máximo a la cantidad de caracteres de un campo **string** o **VARCHAR** en SQL mediante la propiedad **maxLength** y especificando el número deseado.

Una vez terminada la migración, ejecútala mediante el comando **update-database**. Se creará, por un lado, la tabla de los Usuarios, la cual ya ha creado una migración Visual Studio cuando se generó el proyecto; y otra para las sucursales del sistema.

Luego de ejecutar el comando, el sistema trabajará durante unos momentos para crear la tabla, y al finalizar, la terminal mostrará el mensaje Done. Entonces podrás encontrar, dentro del Explorador de objetos de SQL Server, las tablas del sistema creadas, con los campos especificados.

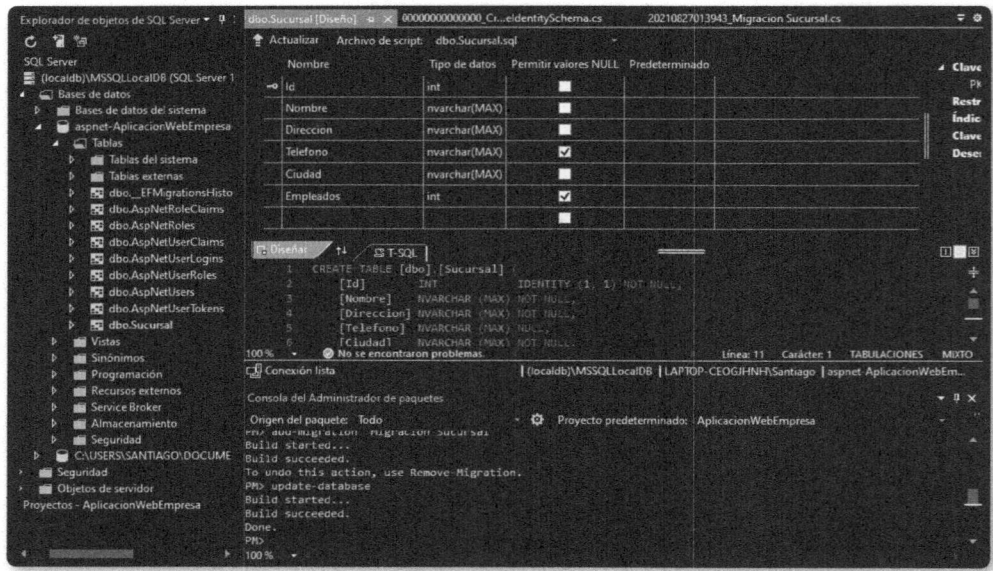

Figura 6.11. Entity Framework te permite desarrollar con SQL Server de manera veloz, reduciendo la cantidad de código necesario.

El siguiente paso es generar, con el mismo procedimiento, un modelo y una migración para los servicios. Los usuarios deben ser capaces de buscar tanto productos o servicios, como sucursales en el sistema, para decidir qué comprar y dónde hacerlo, además de ver las características de cada elemento.

Dentro de la carpeta **Models**, crea una nueva clase llamada **Servicios**, y en su interior, coloca el siguiente código:

```
public class Servicio
{
    public Servicio()
    {

    }
    public int Id { get; set; }
    public string Nombre { get; set; }
    public double Precio { get; set; }
}
```

Una vez hecho esto, crea una nueva migración dentro del directorio **Migration**, mediante el comando **add-migration "Migracion Servicio"**. El método **Up** de la migración debe contener este código:

```
migrationBuilder.CreateTable(
    name: "Servicio",
    columns: table => new
    {
    Id = table.Column<int>(
        nullable: false).Annotation("SqlServer:Identity", "1, 1"),
    Nombre = table.Column<string>(nullable: false),
    Precio = table.Column<string>(nullable: false),
    },
    constraints: table =>
    {
        table.PrimaryKey("PK_Servicio", x => x.Id);
    }
);
```

Como puedes ver, cada migración tiene que poseer las mismas propiedades que la clase del modelo ha definido, en este caso, un campo Id, Nombre y Precio. Por último, vuelve a ejecutar el comando para generar las tablas, pero esta vez, especificando la migración por ejecutar, mediante **update-database -migration " 20210827022806_Migracion Servicio"**. Una vez generada la base de datos, podrás encontrarla junto a las demás, en el árbol explorador en la izquierda.

Por último, antes de cerrar este capítulo, tendrás que trabajar un poco más con el scaffolding de Visual Studio. Para ello, dirígete a la carpeta **Controllers**, haz clic derecho sobre ella, selecciona la opción **Agregar** y elige **Controlador…** para entrar en la creación guiada de un nuevo controlador del software.

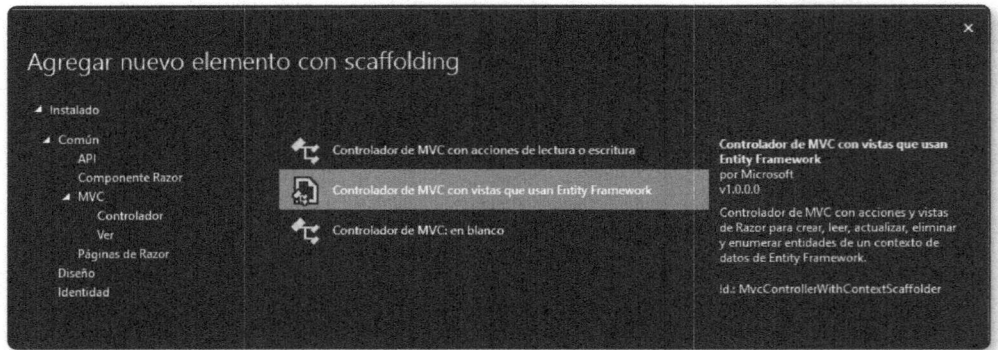

Figura 6.12. Visual Studio ofrece una gran ayuda a la hora de crear nuevos elementos del sistema.

En la ventana que se despliega, selecciona la opción **Controlador de MVC con vistas que usan Entity Framework**. En la siguiente pantalla, tendrás que elegir para qué modelo se está creando el scaffolding, es decir, en qué clase se basará el código a crear; en este caso, elige la clase **Sucursal** en clase de modelo. Luego selecciona **ApplicationDbContext** como clase de contexto de datos, y por último, selecciona las tres casillas de abajo, si Visual Studio no lo hizo ya por defecto.

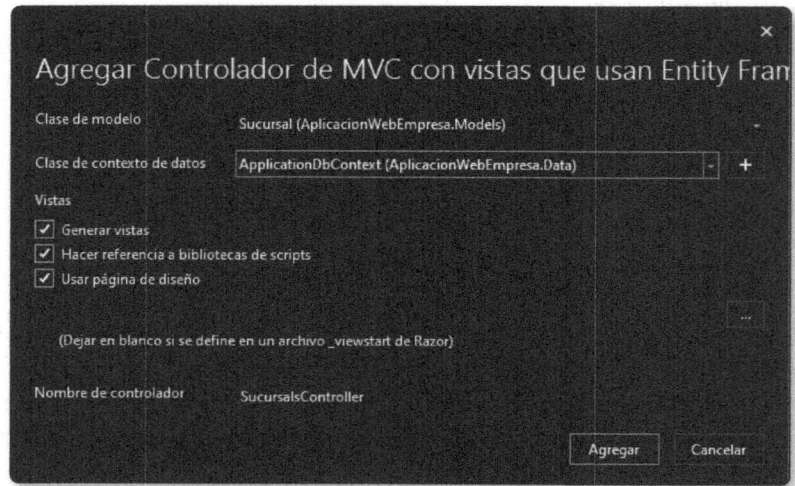

Figura 6.13. Estas son las opciones que debes marcar en la ventana final.

Esto generará un controlador, junto con las rutas y vistas para las sucursales, y te permitirá acceder a nuevas partes de la aplicación, como se ve en la Figura 6.14.

En los próximos capítulos, aprenderás cómo estilizar tu aplicación, dándole un aspecto más profesional, y definirás otros temas importantes, como la seguridad del sistema, y la manera de crear nuevos servicios y sucursales.

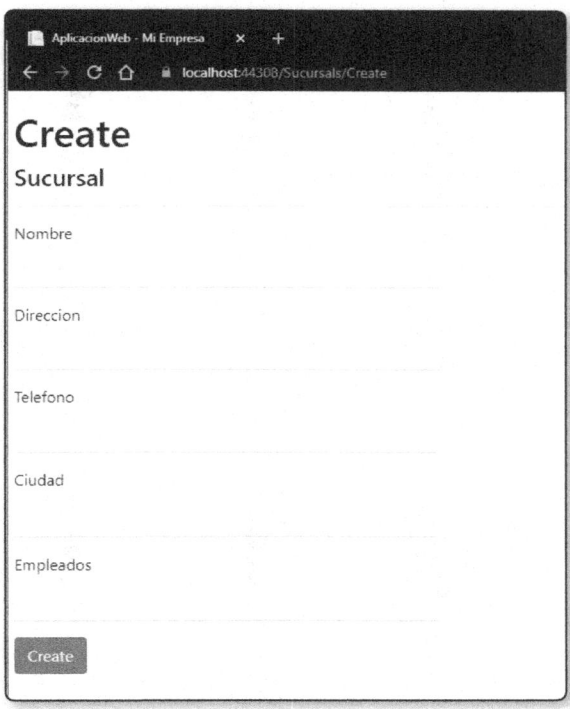

Figura 6.14. Si ingresas a /Sucursals/ Create, verás la nueva ruta autogenerada.

6.5 ACTIVIDADES

A continuación, se presentan las preguntas y los ejercicios que deberías saber responder y resolver, para considerar aprendido el capítulo.

6.5.1 Test de autoevaluación

1. ¿Qué es .NET? ¿Qué significan las siglas ASP?

2. ¿Qué es ASP.NET Core? ¿Quién se encarga de su mantenimiento?

3. ¿Qué significa MVC? ¿Qué es un modelo?

4. ¿Cuál es el ORM de ASP.NET Core?

5. ¿Qué es una migración?

6.5.2 Ejercicios prácticos

1. Una vez creado el scaffolding para las sucursales, crea un nuevo controlador. Este debe basarse en el modelo Servicios.

2. Luego de elegir la clase modelo, selecciona las opciones para crear las vistas HTML/C# y las rutas.

3. Abre la aplicación y dirígete a la sección /Servicios/Create.

7

ESTILO

En el capítulo anterior, comenzaste a trabajar con ASP.NET Core, el framework de Microsoft para el desarrollo de aplicaciones web, utilizando modelos y migraciones. En este capítulo, aprenderás a dar estilo y diseño al sistema.

7.1 SISTEMA DE PLANTILLAS

Como ya viste en el volumen anterior, cuando trabajaste con Razor Pages, ASP.NET provee de un potente y cómodo sistema de plantillas que te permite reutilizar código, sin necesidad de rescribir, copiar o pegar porciones de HTML y CSS que ya has escrito. Cada vista puede heredar de una plantilla base, la cual comparte con muchas otras, y esto te permite reutilizar componentes visuales como barras de navegación, pies de página, headers, u otros componentes que suelen repetirse en varias ocasiones en las páginas web.

Para lograr esto, ASP.NET te da la posibilidad de definir una plantilla base y, de ella, heredar el contenido, modificando en cada página solo aquello que cambia. En esta sección, comenzarás a dar un estilo propio al sistema. En primer lugar, dirígete a la carpeta **Views** y, dentro de **Shared**, localiza el archivo **_Layout.cshtml** y ábrelo. En su interior, encontrarás código HTML, junto con C# embebido en su interior, que se utiliza para mostrar el diseño por defecto de la aplicación ASP.NET que Visual Studio generó por ti.

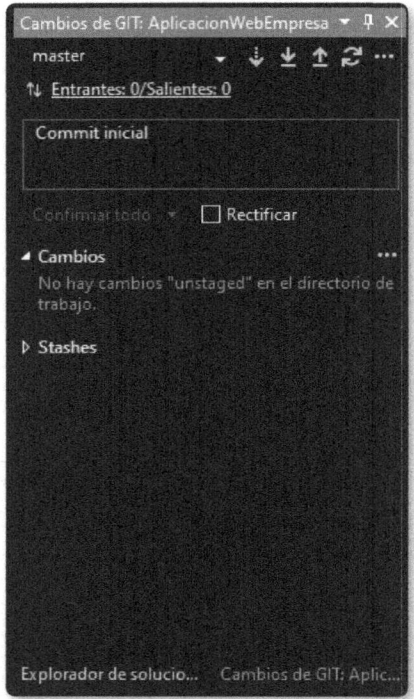

Figura 7.1. Visual Studio ofrece integración con Git y GitHub para el versionado de código.

Comienza por borrar el contenido del **<body>** de este archivo, para reemplazarlo por el código que vas a usar. En el caso del **<head>**, ASP.NET ya ha generado una llamada a las librerías por defecto del framework, que para los estilos, es Bootstrap. Microsoft definió esta librería como el estándar utilizado por defecto debido a la gran popularidad que tiene dentro de la comunidad de desarrollo.

Ahora que posees las librerías de estilos, sería bueno aprovecharlas para dar un diseño interesante a la aplicación. Dentro de las etiquetas **<body>** del archivo, coloca el siguiente código HTML:

```
<div class="jumbotron jumbotron-fluid">
   <div class="container">
   <h1 class="display-4">Mi Empresa</h1>
   <p class="lead">
      Bienvenido al sistema de búsqueda de servicios y
      sucursales. </p>
   </div>
</div>
```

La clase **jumbotron** te permite crear una sección espaciosa en el encabezado del sitio, que, junto con la clase **fluid**, da la posibilidad de ocupar todo el tamaño disponible sin márgenes ni relleno, donde puedes colocar un encabezado grande para el sitio web, con títulos y una imagen.

Debajo de este contendor **<div>**, agrega la siguiente directiva Blade:

```
@RenderBody()
```

Esta directiva deja que otras plantillas CSHTML hereden de ella y, así, puedas reutilizar el código en su interior. Lo que definas en esas vistas se mostrará donde hayas colocado esta directiva. Rodéala con un contenedor de Bootstrap como el siguiente:

```
<div class="container">
    @RenderBody()
</div>
```

Debajo del contenedor, coloca otro similar, y en su interior, agrega una fila utilizando la clase **row**. Anida dentro dos columnas con las clases derivadas de **col**, que ocupen la mitad del espacio en dispositivos como ordenadores, y todo el espacio en equipos móviles. Puedes lograrlo de la siguiente manera:

```
<div class="container">
    <div class="row justify-content-center">
        <div class="col-12 col-sm-12 col-md-4 col-lg-4 col-xl-4">

        </div>
        <div class="col-12 col-sm-12 col-md-4 col-lg-4 col-xl-4">

        <div>
    </div>
</div>
```

Para resumir el código anterior, el **<div>** que lleva la clase **container** se encarga de englobar todo el contenido anidado, dándole un margen y un relleno ya definidos. La clase **row** genera una fila de contenido, con lo cual en su interior habrá un espacio dividido en doce columnas. La clase **justify-content-center** hace que el contenido se alinee de forma horizontal en el centro de la pantalla, y cuando esta sea pequeña, las columnas en su interior ocuparán todo el espacio posible, gracias a las clases **col-12** y **col-sm-12**. Cuando los dispositivos como tabletas, ordenadores portátiles o de escritorio rendericen el sitio, verán el contenido en dos columnas que ocuparán, cada una, un tercio del contenido.

Si deseas aprender más sobre Bootstrap, la famosa librería de estilos CSS, puedes leer la obra Bootstrap (**https://premium.redusers.com/reader/bootstrap?**).

Dentro de los **<div>** que se encargan de generar las columnas, coloca el siguiente código HTML, que funcionará como pie de página:

```
<div class="col-12 col-sm-12 col-md-4 col-lg-4 col-xl-4">
    <h4> Tátulo pie de página</h4>
    <p><small>
    Lorem ipsum dolor sit, amet consectetur adipisicing elit. Voluptate dolores
exercitationem
    </small></p>
</div>
<div class=»col-12 col-sm-12 col-md-4 col-lg-4 col-xl-4»>
    <h4>Título pie de página</h4>
    <small>
      <ul>
        <li>Info 1</li>
        <li>Info 2</li>
        <li>Info 3</li>
      </ul>
    </small>
<div>
```

Este será el **footer** o pie de cada página que se muestre en la aplicación, sin necesidad de tener que escribirlo o copiarlo en varios archivos. Además, si deseas realizar una modificación, solo deberás hacerlo una vez, en lugar de tener que cambiarlo en cada sección.

A continuación, dirígete a la carpeta **Home**, dentro del directorio **Views**, donde encontrarás el archivo **Index.cshtml**, responsable de mostrar el contenido de la página principal del sitio. En esta sección, puedes colocar un contenedor **<div>** con la clase **row**, que hará que se alinee horizontalmente en la pantalla, y anidado dentro, puedes mostrar datos de la empresa o información inicial.

Casi has terminado de configurar el diseño de tu aplicación; solo falta agregar una imagen interesante para el encabezado del sitio y, por otro lado, añadir algo de código CSS para terminar de estilizarlo. Dentro del archivo **_Layout.cshtml**, agrega las etiquetas **<style>**, en el **<head>** del código HTML; en su interior, incorpora el siguiente código:

```
<style>
input {
    margin-bottom: 2%;
}

.jumbotron {
    background-color: rgba(0,0,0,0.8);
```

```
}

.white {
    color: white;
}

.mi-hr {
    height: 3px;
    color: black;
}
.form-control {
    border-top: 0px;
    border-left: 0px;
    border-right: 0px;
    border-radius: 0px;
}
</style>
```

Este código se encargará, en primer lugar, de dar un poco de margen inferior a los elementos input, para que se separen de los elementos que tengan debajo. El **jumbotron**, que muestra el título, llevará un color transparente con una transparencia para que, luego, puedas agregar una imagen de fondo, con un filtro un poco más oscuro. Los elementos que lleven la clase **white** pasarán a tener un color de letra blanco, y luego, se dará a los separadores **<hr>** un tono más oscuro. Por último, se estilizan de forma más personalizada los elementos de los formularios con Bootstrap, para que no sean tan genéricos.

El siguiente paso será lanzar la aplicación para ver cómo ha quedado el diseño. Si haces clic sobre el botón **IIS Express**, podrás ver algo similar a lo que se muestra en la imagen.

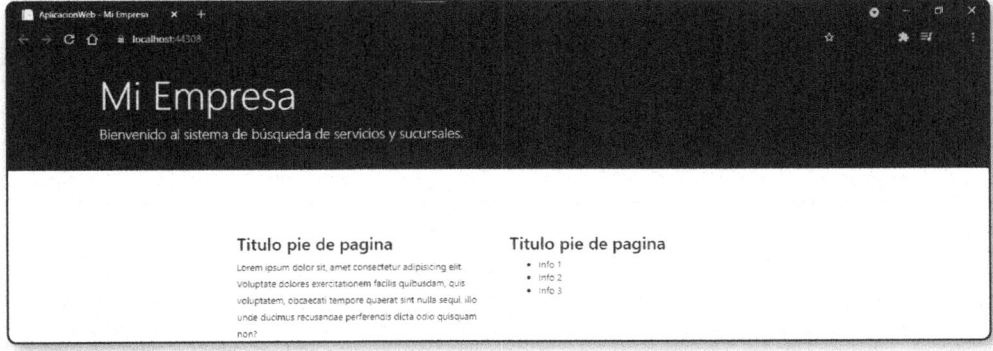

Figura 7.2. Ahora tu aplicación tiene un diseño similar a este.

Una vez listo el diseño general, es momento de comenzar a agregar nuevas funciones. Empieza por un sistema para buscar sucursales y servicios.

7.2 BÚSQUEDAS EN ASP.NET CORE

Ya has creado el diseño básico de la aplicación, y ahora es momento de trabajar con una función importante. El sistema debe permitir que los usuarios localicen sucursales o servicios por medio de un buscador cómodo. Para comenzar, dirígete al archivo **SucursalsController.cs**, dentro de la carpeta **Controllers**, y crea un nuevo método en su interior, que debe encargarse de mostrar un formulario para buscar la información. Cada método genera una nueva ruta con el nombre correspondiente y, a su vez, asocia una vista con el método **View()**, que tiene varios parámetros opcionales. En primer lugar, se ocupa de buscar un archivo **vista** con el nombre del método. En este caso, busca un archivo **Search.cshtml**, pero si lo deseas, puedes especificar uno con un nombre distinto, como un **string** en el primer parámetro. Puedes especificar, simplemente, el nombre del método como el de la vista a buscar:

```
public IActionResult Search()
{
    return View();
}
```

En la carpeta **Sucursals**, dentro de **Views**, crea un nuevo archivo llamado **Search.cshtml**, y en su interior coloca el siguiente código HTML:

```
<div class="container">
    <div class="row justify-content-center">
        <div class="col-12 col-sm-12 col-md-4 col-lg-4 col-xl-4">
            <h2>Buscar sucursales</h2>
            <form asp-action="">

            </form>
        </div>
    </div>
</div>
```

Este formulario se utilizará para buscar los distintos elementos del sistema, en este caso, sucursales. Para comenzar, añade dentro del atributo **asp-action** el nombre de la ruta que debe procesar este formulario. Aunque aún no está creada, colócale el siguiente valor:

```
<form asp-action="SearchResult">

</form>
```

Ahora tienes que crear el contenido del formulario, que en este caso debe consistir en un campo **input**, junto con un botón para ingresar la búsqueda. Coloca este código dentro de las etiquetas **<form>**:

```
<form asp-action="SearchResult">
   <div class="form-group">
      <label for="search">Buscar Sucursales</label>
      <input name="search"
         class="form-control"
         placeholder="Nombre de la sucursal" required />
      <br />
      <button type="submit" class="btn btn-primary">
      Buscar</button>
   </div>
</form>
```

Ahora podrás ver el resultado en el navegador, lanzando la aplicación e ingresando en **https://localhost:44308/Sucursals/Search**, la ruta que alberga este contenido.

Figura 7.3. El formulario ahora muestra el único campo necesario para la búsqueda.

Es momento de crear un nuevo método que se encargue de procesar el formulario, capturando el campo que el usuario colocó y buscando en la base de datos un elemento que coincida con el nombre ingresado.

Para esto, regresa al archivo **SucursalsController.cs**, el controlador que se encarga de gestionar estas peticiones, y crea el método **SearchResult**, que debe tener la siguiente estructura:

```
public async Task<IActionResult> SearchResult(String search)
{
    return View();
}
```

Como puedes ver, el método es de tipo asíncrono, es decir, realizará algún tipo de proceso o tarea mientras espera el resultado de otro tipo. Al igual que el método que retorna el formulario de búsqueda, este debe mostrar otra vista que almacene la información y la presente de manera ordenada. Pero antes sería bueno comprender cómo funciona el procesamiento del formulario que creaste con un campo **input**, al cual has dado el atributo **name** con el valor **search**. Este es el mismo nombre que se le da al parámetro del método **SearchResult**. Sin embargo, podrías nombrarlo de cualquier otro modo, mientras se respete en ambos casos; es decir, podrías nombrar al atributo **name** en el formulario buscado, y también mencionarlo así en el método:

```
<input name="buscado"
    class="form-control"
    placeholder="Nombre de la sucursal" required />
```

Y en el método:

```
public async Task<IActionResult> SearchResult(String buscado)
```

Ahora, reemplaza el método **View()** por el siguiente código:

```
public string SearchResult(String search)
{
    return "Has buscado el nombre " + search;
}
```

En este caso, has reemplazado la firma del método por **string**, para que solo retorne una cadena de caracteres. Se quita el **async** para que no genere errores de compilación, ya que no habrá ninguna tarea asíncrona.

Si utilizas el formulario en este momento, verás que únicamente retorna el **string** que hayas introducido en la búsqueda.

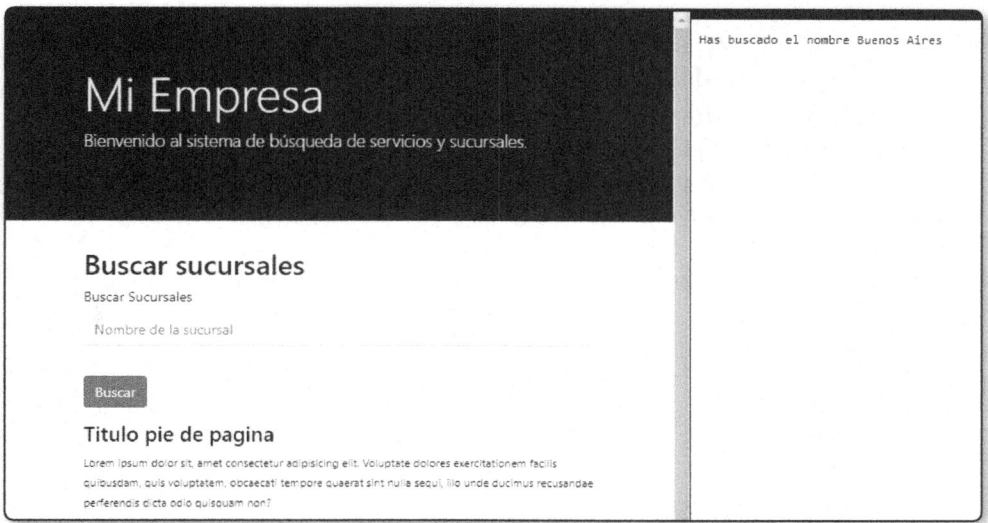

Figura 7.4. Ahora el método retorna el string que se ha utilizado en la búsqueda.

Vuelve a colocar el método como antes, pero en esta oportunidad, en vez de retornar la cadena de caracteres que se ingresó, retorna el método **View()**, y colócale dos parámetros:

```
public async Task<IActionResult> SearchResult(String search)
{
    return View("ResultadosSucursales", await _context)
}
```

Ahora, el método debe retornar más que solo un contexto; este objeto debe llamar al modelo Sucursal y buscar en la base de datos un elemento que posea un nombre similar al **string** enviado en el formulario:

```
return View("Index", await _context.Sucursal.Where(
    s => s.Nombre.Contains(search)).ToListAsync());
```

El método **Where()** filtra los datos en una secuencia de valores que coincidan con el parámetro enviado. Por su parte, **ToListAsync()** es un método asíncrono que se ocupa de crear una lista o **List<T>** en relación con el parámetro enviado. Un método asíncrono permite ejecutar distintas partes del código en paralelo; en otras palabras, en vez de que las siguientes tareas esperen el resultado de la anterior, se van ejecutando aquellas que no dependen de la previa, para que el código funcione a mayor velocidad y de forma más escalable. Esta es una gran alternativa a la hora de trabajar con archivos y bases de datos.

Sin embargo, aún es necesario crear la vista que muestre todos los elementos encontrados. Si utilizas ahora mismo el formulario, verás que funciona porque emplea la vista **Index.cshtml** de la carpeta **Sucursals**, pero como aún no hay datos cargados, no encontrará ninguno que coincida. Por suerte, el scaffolding de ASP.NET Core genera vistas tanto para listar información, como para crear, modificar o borrar datos, de modo que gran parte del trabajo se realiza en segundos, sin necesidad de repetir código. Para crear una sucursal, dirígete a la ruta **https://localhost:44308/Sucursals/Create**, donde verás el formulario que te permite crear un nuevo objeto. Allí coloca algunas nuevas sucursales y, luego, dirígete otra vez al formulario de búsqueda. (**Figura 7.5.**).

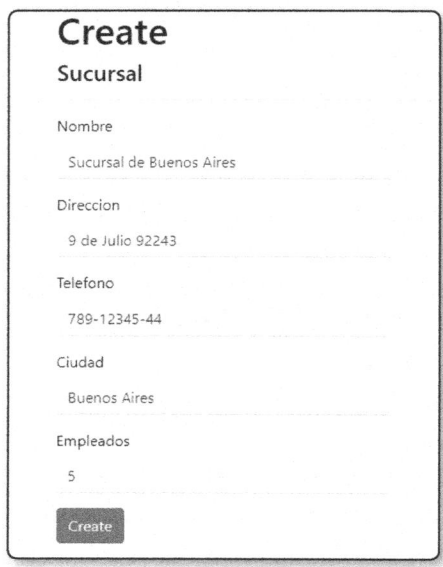

Figura 7.5. ASP.NET Core te ayuda creando gran cantidad de código muy útil en pocos segundos.

Una vez creados algunos registros, es momento de probar el formulario para verificar que funcione y busque en la base de datos el registro que se ingresa.

Index
Create New

Nombre	Direccion	Telefono	Ciudad	Empleados	
Sucursal de Buenos Aires	9 de Julio 92243	789-12345-44	Buenos Aires	5	Edit | Details | Delete
Sucursal principal en México	Av. Paseo de la Reforma	11-22231-22	Ciudad de México	15	Edit | Details | Delete
Casa matriz en Alemania, Berlín	Pariser Platz, 10117 Berlin	55-42312-222	Berlin	45	Edit | Details | Delete

Figura 7.6. La vista index debería mostrar todos los datos del sistema.

Ahora el formulario busca solo el elemento que se ingresó, y no muestra los otros datos en la base que se hayan registrado (**Figura 7.7.**).

Una vez hecho esto, es momento de trabajar con el siguiente modelo, los servicios. Dado que el sistema puede trabajar con cualquier tipo de servicios, puede serte útil para guardar toda la información que necesites, reemplazando el nombre de los datos almacenados. Para hacerlo, también deberás trabajar con el scaffolding que Visual Studio provee para el software construido. Dirígete a la carpeta **Controllers** del explorador de soluciones y haz clic derecho sobre ella; en el menú desplegado, selecciona **Agregar**, **Controlador**. En la ventana que se ha abierto selecciona **Controlador de MVC con vistas que utilizan Entity Framework**. En la siguiente, elige **Servicio** como clase modelo, y **ApplicationDbContext** como clase de contexto de datos; deja las demás opciones seleccionadas por defecto. Una vez que Visual Studio termine de trabajar, verás a la derecha, en la carpeta **Controllers**, el nuevo archivo generado que se denomina **ServiciosController.cs**, donde tendrás que trabajar con el código que controla la aplicación.

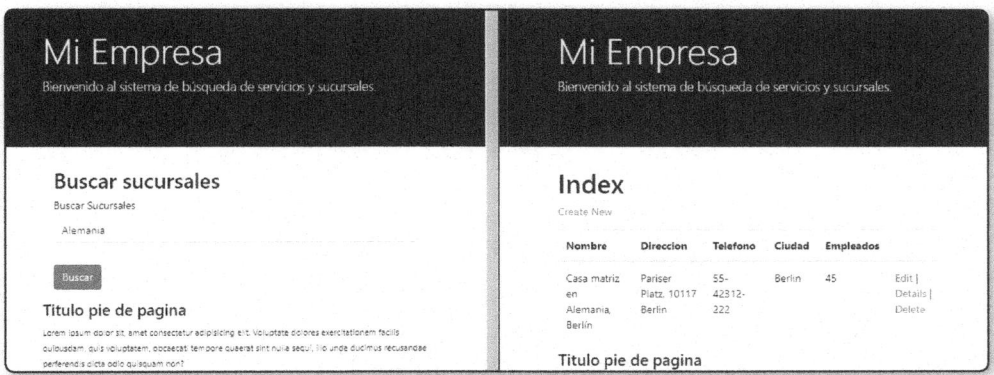

Figura 7.7. El sistema de búsqueda filtra los elementos de la base de datos.

7.3 BÚSQUEDAS DE SERVICIOS

Luego de crear el nuevo archivo, ingresa en el controlador y, en su interior, genera un nuevo método llamado **Search**, que debe tener el siguiente formato:

```
public IActionResult Search()
{
    return View();
}
```

Una vez más, los métodos que se encargan solo de mostrar vistas utilizan el método **View()**, el cual, en primer lugar, busca un archivo CSHTML que lleve el mismo nombre del método que los llama (en caso de que no se indiquen parámetros), o un archivo con el nombre pasado como primer parámetro de tipo **string**.

Si haces clic sobre el nombre del nuevo método creado, puedes agregar una vista que lleve el mismo nombre del método, y agregarla dentro de la carpeta **Servicios**, en el directorio **Views**.

Esta nueva vista también llevará un formulario que permita a los usuarios buscar servicios en el sistema. El archivo debería tener el siguiente contenido:

```
<div class="container">
   <div class="row justify-content-center">
      <div class="col-12 col-sm-12 col-md-4 col-lg-4 col-xl-4">
      <h2>Buscar sucursales</h2>
         <form asp-action="">
         </form>
      </div>
   </div>
</div>
```

Ahora, dentro del formulario, coloca el siguiente código HTML:

```
<div class="form-group">
   <label for="search">Buscar Servicios</label>
   <input name="search" class="form-control"
      placeholder="Nombre del servicio" required />
   <br />
   <button type="submit"
      class="btn btn-primary">Buscar</button>
</div>
```

Ahora el formulario debería llevar el atributo **asp-action** con el valor **SearchResults**, lo cual hará que apunte al método que crearás a continuación. Dentro de **ServiciosController.cs**, coloca el siguiente código:

```
public async Task<IActionResult> SearchResults(string search)
{
   return View("Index", );
}
```

Como segundo parámetro, tendrás que pasar una lista creada de manera asíncrona, al igual que hiciste con las sucursales. Para esto, utiliza la instrucción **async**, que genera una lista con los contenidos deseados. En este caso, debes filtrar aquellos datos que coincidan con el parámetro recibido desde el formulario, que se llama **search**. El método debería verse así:

```
public async Task<IActionResult> SearchResults(string search)
{
    return View("Index", await _context.Servicio
      .Where(s => s.Nombre.Contains(search)).
ToListAsync());
}
```

La mejor forma de probar todo esto es agregar algunos servicios al sistema; para poner un ejemplo, servicios automotores. Lanza la aplicación y agrega algunos servicios a la base de datos, ingresando en la ruta **https://localhost:44308/Servicios/Create**. Luego, podrás verlos en **https://localhost:44308/Servicios**, ordenados en una tabla. Dado que se trata de valores, puedes agregar al archivo **Index.cshtml** un signo **$** delante de cada precio, de esta forma:

```
<td>$
   @Html.DisplayFor(modelItem => item.Precio)
</td>
```

Una vez hecho esto, y ya agregados los datos por medio del formulario, podrás verlos listados como se muestra en la figura.

Figura 7.8. El scaffolding de ASP.NET ya ha creado la tabla de datos y los formularios que generaste.

Si te diriges a la ruta **https://localhost:44308/Servicios/Search**, encontrarás el formulario de búsqueda que creaste antes, donde podrás buscar cada servicio. Si ingresas alguno de los nombres que pusiste antes, verás una tabla solo con los datos que coincidan con tu búsqueda.

Por último, es necesario mejorar un poco la navegación del sistema. En este punto, para encontrar cada ruta, es necesario que el usuario la conozca y la escriba manualmente en la barra de direcciones. Para cambiar esto, dirígete al archivo **Index. cshtml**, que se encuentra dentro de la carpeta **Home**, en el directorio **Views**, para editarlo y darle un hipervínculo al usuario que le permita navegar de esa forma:

```
<div class="row justify-content-center">
   <div class="col-12 col-sm-12 col-md-4 col-lg-4 col-xl-4">
   <h2>Buscar sucursales</h2>
   <p>En esta sección puedes buscar distintas sucursales de nuestra compania,
donde encontrar los mejores servicios del mercado, en todo el mundo...</p>
   <br /><br />

   <h2>Buscar servicios</h2>
   <p>En esta sección puedes buscar entre una gran variedad de servicios que
ofrecemos en todo el mundo, con
   los mejores precios del mercado y disponibles para todo el mundo...</p>
   <br /><br />
   </div>
</div>
```

En cada sección, debajo del párrafo que indica al usuario el sistema, coloca estos hipervínculos:

```
<a asp-controller="Sucursals" asp-action="Search"
class="btn btn-primary">Buscar sucursales</a>
```

El hipervínculo se controla por medio de dos atributos. En primer lugar, **asp-controller** permite especificar en qué controlador se encuentra la ruta a trabajar. En segundo lugar, **asp-action** hace referencia al método en el controlador al que debe apuntar. Esta es una mejora sustancial frente a utilizar atributos **href** estáticos, dado que si se migra el sistema a otra plataforma o si el código se despliega a una plataforma en producción, evitará que el desarrollador tenga que cambiar el código en su interior.

Para los servicios, puedes utilizar el siguiente hipervínculo:

```
<a asp-controller="Servicios" asp-action="Search"
class="btn btn-primary">Buscar servicios</a>
```

Ahora, el usuario puede buscar los servicios o sucursales que desee. Sin embargo, el sistema está abierto para que cualquier persona pueda editar, borrar o modificar cualquier dato, cuando debería ser algo que solo el administrador pudiera realizar. En los próximos capítulos verás cómo trabajar con el sistema de inicios de sesión.

7.4 ACTIVIDADES

A continuación, se presentan las preguntas y los ejercicios que deberías saber responder y resolver, para considerar aprendido el capítulo.

7.4.1 Test de autoevaluación

1. ¿Cómo pueden crearse nuevos controladores?

2. ¿Qué objetivo tiene el uso del método **View()***?*

3. ¿Cómo se crea una nueva ruta en ASP.NET Core?

4. ¿Qué significa la instrucción **async***?*

7.4.2 Ejercicios prácticos

1. Crea un nuevo método que retorne un formulario.

2. Este debe contener un campo que te permita buscar servicios por precio.

3. Agrega al formulario el campo precio.

4. Busca en la base de datos un servicio que cumpla con el precio enviado.

8

ASP.NET CORE

Una vez creado el sistema de búsquedas, has logrado un gran avance en la experiencia que el usuario tendrá a la hora de utilizar la aplicación. Sin embargo, es momento de mejorar aún más toda la página y configurar la manera en que el usuario debe registrarse e iniciar sesión.

8.1 DISEÑO Y NAVEGACIÓN

Hasta el momento, el usuario puede navegar por la aplicación realizando búsquedas o viendo todos los elementos cargados en el sistema e, incluso, realizar modificaciones. Además, no necesita hacer clic en Detalles para ingresar a la vista que le muestra todos los disponibles. Sería interesante que pudiera acceder a una pantalla en la cual se organicen de manera interesante los datos de cada sucursal o servicio. También sería conveniente mejorar el diseño de la aplicación por medio de imágenes, para que cada recurso del sistema se vea más atractivo y las pantallas sean visualmente más agradables. Dirígete al archivo **_Layout.cshtml**, ubicado dentro de la carpeta **Shared**, en el directorio **Views**. Allí, modifica los estilos CSS cambiando a la clase **jumbotron**, de la siguiente manera:

```css
.jumbotron {
    background-color: rgba(0,0,0,0.8);
    background-image: url(/img/skyscrapers.jpg);
    background-position: center;
    background-repeat: no-repeat;
    background-size: cover;
}
```

Como puedes notar, en este código CSS se agrega un fondo al diseño del sitio, para que el usuario pueda ver una imagen interesante apenas inicie la aplicación. Sin embargo, aún no existe ni la carpeta **img**, ni tampoco el archivo **skyscrapers.jpg**, con lo cual tendrás que ir a la carpeta **wwwroot** y, allí, crear un directorio con ese mismo nombre. Una vez hecho esto, coloca en su interior una imagen con el mismo nombre definido en las reglas CSS. Dentro del material extra de este volumen, encontrarás una imagen con varios edificios que tiene esa denominación, que puede dar un aspecto muy interesante a tu trabajo. Sin embargo, si lo deseas, puedes utilizar cualquier otra de tu elección.

Figura 8.1. Las imágenes como esta dan un diseño muy interesante a cualquier sitio web.

Una vez hecho esto, puedes modificar la vista **index.cshtml**, que utiliza como plantilla **_Layout.cshtml**, y dividir en dos columnas el contenido, de la siguiente forma:

```
<div class="col-12 col-sm-12 col-md-4 col-lg-4 col-xl-4">
   <h2>Buscar sucursales</h2>
   <p>En esta sección puedes buscar...</p>
      <a asp-controller="Sucursals"...></a>
</div>
<div class="col-12 col-sm-12 col-md-4 col-lg-4 col-xl-4">
   <h2>Buscar servicios</h2>
   <p>En esta sección puedes buscar...</p>
   <a asp-controller="Servicios"...></a>
</div>
```

Ahora el sistema tiene una presentación mejor y ofrece al usuario una experiencia más amigable. Es momento de editar la vista que se presenta al usuario en el momento en que busca algún elemento en el sistema web, comenzando por las Sucursales. Para hacerlo, dirígete a la sección Sucursales, dentro de la carpeta **Views**, y abre el archivo **Index.cshtml**. Allí será interesante que el usuario solo vea el nombre de la sucursal y el teléfono, y que, si lo desea, pueda acceder a los demás detalles, haciendo clic en el botón del mismo nombre; luego, podría restringirse esa vista solo a usuarios registrados.

Para comenzar, dentro del archivo **Index.cshtml**, borra los elementos **<th>** correspondientes a la dirección de la sucursal, la ciudad y la cantidad de empleados, de modo que la cabecera de la tabla quede de la siguiente manera:

```
<tr>
   <th>
      @Html.DisplayNameFor(model => model.Nombre)
   </th>
   <th>
      @Html.DisplayNameFor(model => model.Telefono)
   </th>
   <th>Extra</th>
</tr>
```

Como se ve en el código anterior, también puedes agregar un encabezado llamado **Extra**, para la sección de **Detalles**, **Borrado** y **Editar**.

Una vez hecho esto, dirígete al bucle **foreach** dentro de la tabla y elimina tanto la dirección de la sucursal, la ciudad y la cantidad de empleados del modelo, de modo que coincida con los elementos del encabezado de la tabla; quedará de la siguiente manera:

```
@foreach (var item in Model) {
<tr>
   <td>
   @Html.DisplayFor(modelItem => item.Nombre)
   </td>
   <td>
   @Html.DisplayFor(modelItem => item.Telefono)
   </td>
   <td>
   <a asp-action="Edit" asp-route-id="@item.Id">Edit</a> |
   <a asp-action="Details" asp-route-id="@item.Id">Details</a> |
   <a asp-action="Delete" asp-route-id="@item.Id">Delete</a>
   </td>
</tr>
   }
```

El bucle mostrará solo dos datos básicos del sistema, con lo cual el usuario necesitará hacer clic dentro del enlace **Details** para ver el resto de los elementos (**Figura 8.2.**).

Es momento de avanzar sobre la sección **Detalles**, donde actualmente se listan todos los datos de la sucursal. Aunque el diseño que presenta es interesante, es posible personalizarlo aún más (**Figura 8.3.**).

Figura 8.2. Ahora solo se ve la información básica tras la búsqueda.

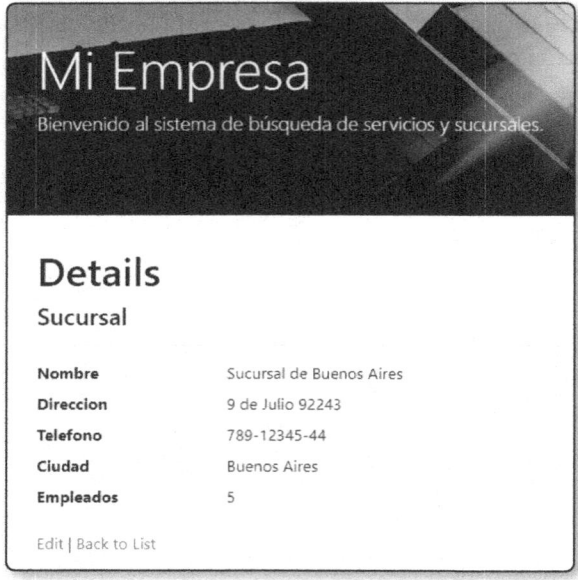

Figura 8.3. El scaffolding de ASP.NET Core es aceptable, pero se puede mejorar y personalizar.

Dirígete al archivo **Details.cshtml**, dentro del directorio **Sucursales**, en **Views**, y borra el contenido generado por el scaffolding de ASP.NET. Comienza por colocar en su interior el siguiente código:

```
@model AplicacionWebEmpresa.Models.Sucursal

@{
    ViewData["Title"] = "Details";
}

<div class="container">
    <div class="row">

    </div>
</div>
<div>
    <a asp-action="Edit" asp-route-id="@Model.Id">Edit</a> |
    <a asp-action="Index">Back to List</a>
</div>
```

En este caso se define solo el título para esta página, y dejarás como contenido los links para editar o volver a la lista de sucursales. Además, como contenido de la vista se coloca un contenedor, con una fila en su interior. Dentro de esta fila, vas a crear dos columnas, en las cuales se mostrará, por un lado, una imagen de la sucursal, con un pequeño texto introductorio; y por otro, una pequeña tabla con algunos datos extra, como cantidad de empleados, dirección, teléfono y otra información del modelo.

Crea dos columnas dentro del contenedor con clase **row**, que ocupen la mitad del espacio disponible en cada caso, de esta forma:

```
<div class="col-12 col-sm-12 col-md-6 col-lg-6 col-xl-6">
    <h1>@Html.DisplayFor(model => model.Nombre)</h1>
    <img src="" id="producto">
    <p>Sucursal</p>
</div>
<div class="col-12 col-sm-12 col-md-6 col-lg-6 col-xl-6">
    <h4>Datos</h4>
    <table class="table">
    </table>
</div>
```

Como puedes ver, en la primera columna (que en caso de visualizarse en una pantalla pequeña ocupará todo el espacio disponible) se colocará el nombre de la sucursal como título, y debajo, otra imagen; mientras que en la segunda columna habrá una tabla con los datos del modelo. Comenzando por la primera columna, añade el siguiente código:

```
<h1>@Html.DisplayFor(model => model.Nombre)</h1>
<img src="/img/businesspeople.jpg" style="width: 80%;" id="producto">
<p>Sucursal con dirección en @Html.DisplayFor(model => model.Direccion),
ubicada en la ciudad de @Html.DisplayFor(model => model.Ciudad).
Puede comunicarse con la misma, llamando al teléfono que le ofrecemos en la ta-
bla siguiente.</p>
```

En este caso, se agrega la imagen **businesspeople.jpg**, que puedes incorporar a tu carpeta **img**, dentro del directorio **wwwroot**; está en el material extra de este volumen.

Sin embargo, puedes utilizar cualquier otra que desees.

Si quieres aprender más sobre el diseño y el maquetado de sitios web de manera profesional y crear tus páginas web con herramientas que se solicitan cada día más en el ámbito del desarrollo, puedes leer Creación de sitios web, en el siguiente **enlace**.

De esta manera, es posible añadir una imagen a la columna junto con un texto descriptivo. En la siguiente columna, agrega este código:

```
<h4>Datos Extra</h4>
<table class="table">
    <thead>
        <tr>
            <th scope="col">Nombre</th>
            <th scope="col">Dirección</th>
            <th scope="col">Teléfono</th>
```

```
            <th scope="col">Empleados</th>
        </tr>
    </thead>
    <tbody>
        <tr>
            <td class="col-sm-10">
                @Html.DisplayFor(model => model.Nombre)
            </td>
            <td class="col-sm-10">
               @Html.DisplayFor(model => model.Direccion)
            </td>
            <td class="col-sm-10">
                @Html.DisplayFor(model => model.Telefono)
            </td>
            <td class="col-sm-10">
                @Html.DisplayFor(model => model.Empleados)
            </td>
        </tr>
    </tbody>
</table>
```

En este caso, la información se mostrará ordenada en una tabla, en el costado derecho de la pantalla, y ocupará exactamente la mitad del espacio disponible, con lo cual estará organizada de modo más profesional. El resultado sería algo similar al que se presenta en la imagen.

Figura 8.4. Ahora la información se muestra de forma más ordenada y clara.

Una vez creada esta pantalla, puedes seguir los pasos para buscar una sucursal, y al llegar a esta pantalla en cada objeto, verás la vista que acabas de diseñar. Ahora es momento de trabajar con la pantalla de servicios, que tiene una menor cantidad de datos en el modelo.

Dirígete al archivo **Details.cshtml**, dentro de la carpeta **Servicios**, en el directorio **Views**. Allí, reemplaza el código por el siguiente:

```
<div class="container">
   <div class="row">
      <div class="col-12 col-sm-12 col-md-6 col-lg-6 col-xl-6">
      <h1>@Html.DisplayFor(model => model.Nombre)</h1>
      <img src="/img/app-woman.jpg" style="width: 80%;">
      <p>El servicio @Html.DisplayFor(model => model.Nombre) ofrecido por nues-
tra empresa, se encuentra al precio de $@Html.DisplayFor(model => model.Precio).
Puede comunicarse con las sucursales en las que se ofrece el mismo.</p>
      </div>
      <div class="col-12 col-sm-12 col-md-6 col-lg-6 col-xl-6">
         <h4>Datos Extra</h4>
         <table class="table">
         </table>
         </div>
      </div>
</div>
```

Dentro de la tabla de este archivo coloca este código:

```
<table class="table">
   <thead>
      <tr>
         <th scope="col">#</th>
         <th scope="col">Nombre</th>
         <th scope="col">Precio</th>
      </tr>
      </thead>
      <tbody>
         <tr>
            <td class="col-sm-10">
            @Html.DisplayFor(model => model.Id)
            </td>
            <td class="col-sm-10">
            @Html.DisplayFor(model => model.Nombre)
            </td>
         <td class="col-sm-10">
         @Html.DisplayFor(model => model.Precio)
```

```
            </td>
        </tr>
    </tbody>
</table>
```

A continuación, puedes buscar cualquiera de los servicios cargados dentro del sistema, por medio del buscador creado en el capítulo anterior, y verás la información organizada en una tabla mucho más prolija.

Hasta el momento, la aplicación funciona de forma correcta; has logrado generar un sistema con un **CRUD** completo, sin necesidad de utilizar un código excesivamente largo o complejo, ya que, gracias a ASP.NET, el código se simplifica y gran parte es autogenerado por el scaffolding. Sin embargo, aún no has trabajado con el sistema de inicio de sesión y registro; comenzarás a verlo ahora.

8.2 DECORADORES

En las siguientes secciones, aprenderás a trabajar con el sistema de login o inicio de sesión, lo cual te permitirá proteger algunas de las vistas del sistema. Dado que la idea es que los usuarios estén registrados para poder visualizar ciertos datos, será necesario agregar un decorador a algunos de los métodos que quieras proteger. Un decorador es un elemento utilizado en ASP.NET Core para agregar una funcionalidad a una clase sin necesidad de cambiarla; es decir, extiende una funcionalidad o algún detalle o comportamiento programático dentro de una clase con un propósito único, y permite mantener la modularización.

Pero ¿qué significa todo esto? El principio de modularización indica que el software debe mantenerse dentro de distintos componentes claros, bien definidos y separados, para que el sistema esté organizado y resulte fácil de mantener, lo cual aumenta su escalabilidad.

De este modo, en ASP.NET, utilizando el patrón de desarrollo MVC, puedes separar el software en tres grandes componentes, manteniendo un orden claro. Otro principio que se respeta es SOLID. Este es un acrónimo creado por el ingeniero **Robert C. Martina**, que define algunos de los principios más importantes que se deben respetar a la hora de desarrollar dentro de la programación orientada a objetos. Single Responsability, o Responsabilidad Única, es el primero de estos conceptos del acrónimo, que indica que una clase u objeto debe tener solo una responsabilidad; es decir, no debe cumplir cientos de funciones. Es preferible tener una gran cantidad de clases, a tener una clase con cientos de implementaciones y características distintas.

El siguiente de estos conceptos es Open/Close Principle, o Principio de Abierto/Cerrado. Indica que las entidades de software, tanto una clase como una interfaz u otra similar, deben estar abiertas para su extensión, pero cerradas para su edición. Esto quiere decir que una clase puede permanecer abierta para ser extendida e implementar su funcionalidad en otra clase o módulo, pero su código fuente debería quedar cerrado a la modificación. Una de las maneras de lograrlo es mediante la herencia, otro concepto importante, considerado un pilar de la programación orientada a objetos.

Si entiendes este concepto, comprenderás entonces que un decorador permite implementar una funcionalidad de forma dinámica, sin necesidad de modificar su código fuente, agregar objetos externos o emplear una gran cantidad de código, de forma estática. Por ejemplo, proteger un dato tras un sistema de login suele ser una funcionalidad compleja, que requiere una gran cantidad de código. Una vez creado dicho código, mantenerlo aparte o separado, para implementarlo de forma externa, suele ser una gran ventaja.

Si deseas aprender más sobre los principios SOLID, la programación orientada a objetos avanzada y los conceptos de desarrollo como herencia, abstracción o interfaces, puedes leer Programación Orientada a Objetos en PHP Volumen 2, donde se ven estos temas en forma tanto teórica como práctica, desde el siguiente enlace.

Para colocar el decorador que se encargará, en este caso, de proteger una vista bajo el sistema de login, solo necesitas agregar **[Authorize]** en la parte superior de la firma del método que devuelve la ruta. En este caso, dirígete a la clase **SucursalsController**, y busca el método **public async Task<IActionResult> Details(int? id)**, que está en su interior. Coloca sobre la firma el decorador e importa la clase mediante el asistente de correcciones de Visual Studio:

```
[Authorize]
public async Task<IActionResult> Details(int? id)
{
    if (id == null)
    {
        return NotFound();
    }

    var sucursal = await _context.Sucursal
        .FirstOrDefaultAsync(m => m.Id == id);
    if (sucursal == null)
    {
        return NotFound();
    }

    return View(sucursal);
}
```

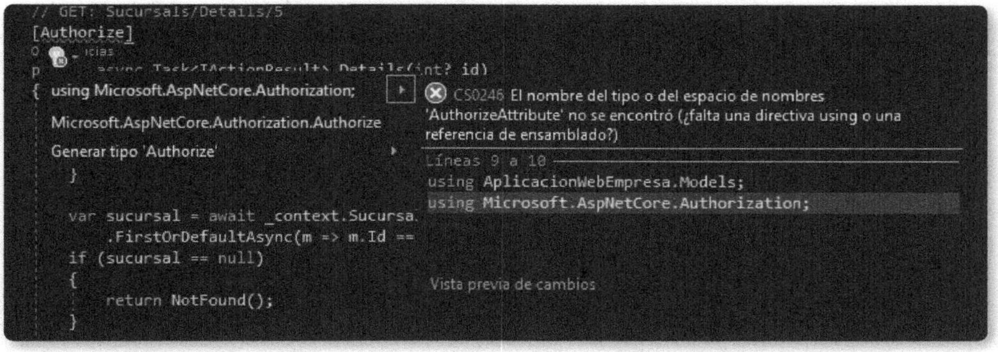

Figura 8.5. Tras un error o falta de importación, Visual Studio puede asistirte agregando la clase o interfaz que falte importar.

De esta forma, la vista de detalles de cada sucursal queda protegida para que todo usuario que desee visitarla, necesite haber iniciado sesión o, en caso de no tener un usuario, deba primero registrarse. Ahora, cuando accedas a buscar una sucursal, el sistema te solicitará que, en primer lugar, inicies sesión o te registres.

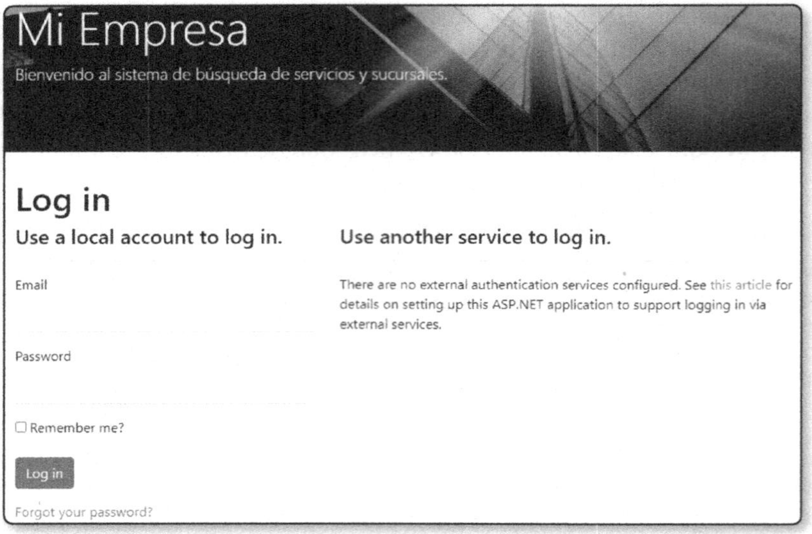

Figura 8.6. El scaffolding de Visual Studio te permite proteger las vistas que desees.

Es momento de proteger todas las vistas bajo **Authorize** que necesiten tener dicha funcionalidad. En este caso, la idea es que solo algunos usuarios puedan editar, borrar o crear nuevos objetos en la base de datos, tanto servicios como sucursales, y que aquellos que estén registrados puedan ver la información completa de los registros en la base.

```
[Authorize]
public IActionResult Create()
{
    return View();
}
```

Recuerda que debes proteger tanto las vistas con los formularios de creación, borrado o edición, como los métodos que reciben y procesan esos formularios.

Una vez hecho esto, tendrás que proteger aquellos métodos que editen, creen o borren información dentro de la clase **ServiciosController**, de la misma manera en que lo hiciste en el otro controlador.

8.3 CONTROL DE USUARIOS

Una vez protegido el sistema y las vistas deseadas tras un inicio de sesión y un registro, es momento de comenzar a trabajar con los usuarios registrados y manipular aún más la información que cada uno ha ingresado en el sistema. Dentro de Visual Studio, lanza tu proyecto y dirígete a la ruta **https://localhost:44308/ Identity/Account/Register**, donde encontrarás el formulario de registro del sistema web, que ya ha sido creado y configurado por completo por el andamiaje de ASP. NET Core. Allí puedes crear un nuevo usuario y utilizarlo luego para iniciar sesión, accediendo a las secciones protegidas del sistema. Una vez registrado, podrás ingresar a la vista que muestra los detalles de las sucursales y de los servicios, la edición, el borrado o la subida de nuevos datos a la base.

Sin embargo, para que el sistema cumpla con su cometido, solo un usuario administrador debería poder modificar la información que se registra en el sistema. Los usuarios regulares, que pueden registrarse a diario en la aplicación web, únicamente deberían ser capaces de acceder al sistema y ver los datos. Esto puede lograrse de diversas maneras, dependiendo de cómo quieras hacerlo o de qué modificaciones desees realizar al sistema; es posible limitar qué usuarios pueden acceder al borrado, la edición o la creación de datos persistentes.

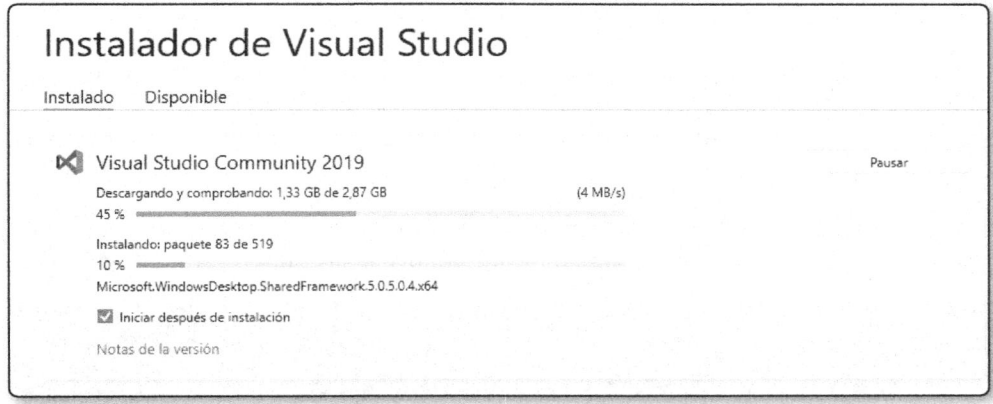

Figura 8.7. Visual Studio permite actualizar e instalar nuevos paquetes y software de desarrollo en cualquier momento.

En primer lugar, debes saber cómo acceder a los datos del usuario que ha iniciado sesión dentro del sistema. Para esto, será necesario ingresar a un controlador (para el caso de pruebas, puedes utilizar **HomeController**) y, en su interior, crear un nuevo método, que se encargará de mostrar algunos datos:

```
[Authorize]
public string GetUserData()
{
    return "Información del usuario";
}
```

El usuario estará obligado a ingresar al sistema e iniciar sesión para ver esta ruta, lo cual evitará que se generen datos vacíos o nulos. Luego, deberás utilizar la clase **ControllerBase** para acceder a una propiedad llamada **User**, que retorna un objeto de tipo **ClaimsPrincipal**, parte del framework ASP.NET Core, con los datos del usuario que ha iniciado sesión. Desde este objeto, puedes acceder a los datos como ID, nombre y mail; en este caso, dado que estás utilizando el controlador por defecto sin realizarle modificaciones, estos dos últimos datos son iguales. Modifica el método anterior de la siguiente manera:

```
[Authorize]
public string GetUserData()
{
    var userName = User.Identity.Name;

    return "Email del usuario: "+userName;
}
```

A continuación, lanza otra vez la aplicación y accede a la ruta

/GetUserData, para ver en la pantalla el mail utilizado para el registro. Obtener el mail del usuario puede ayudarte a definir el comportamiento del sistema; por ejemplo, permitir que solo un usuario registrado pueda editar los elementos (**Figura 8.8.**).

Una forma de limitar el acceso de usuarios comunes a ciertas partes de tu sistema es modificando aquellos métodos que controlan las rutas que deseas proteger.

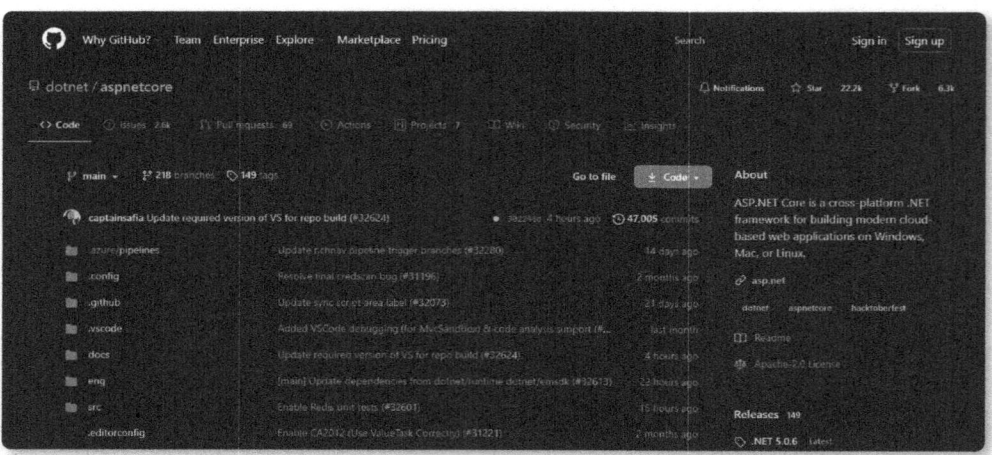

Figura 8.8. El framework ASP.NET Core se encuentra como de licencia abierta en GitHub, lo que permite la colaboración y distribución.

Por ejemplo, si quieres evitar que todos los usuarios accedan al borrado de elementos, como las sucursales, podrías modificar el método que controla dicha acción. Dirige tu atención al archivo **SucursalsController**, y allí busca el método **Delete**. Modifícalo de la siguiente manera:

```
public async Task<IActionResult> Delete(int? id)
{
    var userName = User.Identity.Name;

    if (userName != "admin@admin.com")
    {
        return NotFound();
    }

    if (id == null)
    {
        return NotFound();
    }

    var sucursal = await _context.Sucursal
        .FirstOrDefaultAsync(m => m.Id == id);
    if (sucursal == null)
    {
        return NotFound();
    }

    return View(sucursal);
}
```

En este ejemplo, se está accediendo a la propiedad **name**, que, por defecto, en el sistema de registro de ASP.NET Core autogenerado se carga con el mail del usuario. Si es igual a admin@admin.com, el sistema le permitirá continuar y acceder a la ruta requerida, en este ejemplo, el formulario de confirmación para borrar un elemento.

En tu caso, para acceder, deberás reemplazar el correo electrónico por el que hayas ingresado en el sistema. Una vez configurado, tu correo será la propiedad usada para chequear si el usuario puede realizar modificaciones importantes de datos. De la misma manera en que has procedido con el método **Delete()**, tendrás que hacerlo para aquellas funciones que controlan las rutas que quieras proteger; por ejemplo, las rutas para sumar nuevos registros a la base de datos, borrado de servicios, modificación de sucursales o servicios, y otras.

8.4 ACTIVIDADES

A continuación se presentan las preguntas y los ejercicios que deberías saber responder y resolver, para considerar aprendido el capítulo.

8.4.1 Test de autoevaluación

1. ¿Qué son los principios SOLID?

2. ¿Qué función cumple un decorador?

3. ¿Qué ventajas trae el uso del patrón MVC?

4. ¿Cómo se accede a la propiedad **nombre** *de un usuario registrado?*

8.4.2 Ejercicios prácticos

1. Dirígete al archivo **ServiciosController**, *y localiza los métodos* **Delete**, **Edit** *y* **Create**.

2. Coloca el decorador **[Authorize]** *sobre cada uno de ellos.*

3. Chequea que el usuario que ha iniciado sesión y busca ingresarlos sea el administrador, mediante la propiedad **User.Identity.Name**.

9

RELACIONES

Para finalizar el proyecto, es momento de tratar un tema más avanzado del cual el sistema puede beneficiarse; se trata de las relaciones entre modelos o tablas, por medio de las cuales puedes asociar un servicio a cualquier sucursal.

9.1 MODELOS Y TABLAS

Hasta el momento, tu sistema funciona correctamente y muestra los datos que has creado de manera precisa si buscas tanto un servicio como una sucursal. Si ingresas a **https://localhost:44308/Servicios**, la dirección donde se encuentran los servicios, podrás ver todos los que has listado en el sistema. De la misma forma, al acceder a **https://localhost:44308/Sucursals**, verás que se presentan todas las sucursales del sistema que hayas ingresado por medio del formulario. Dado que para el usuario normal es imposible ingresar a estas rutas, excepto que las conozca o las adivine, será necesario crear algún tipo de navegación para que puedan llegar a ellas cómodamente.

Sin embargo, antes de terminar algunos detalles de la aplicación y pulirla por completo en cuanto a diseño, es preciso modificar el sistema para comenzar a trabajar con relaciones entre modelos o entre tablas. Para lograrlo, debes comprender las relaciones dentro de un sistema y conocer cómo se aplican en un software.

Imagina que te interesa asociar cada servicio del sistema a una sucursal en particular, aplicando un campo que comparta ese dato en ambos modelos. Cada servicio se ofrece en una sucursal, y de este modo, un usuario puede conocer dónde se ofrece ese servicio o qué servicios se brindan dentro de una sucursal. Con este objetivo existen las relaciones entre tablas, las cuales pueden realizarse tanto con

ASP.NET Core como con otros frameworks, o trabajando solo con un lenguaje de programación; también, si tu intención es únicamente desarrollar algo en una base de datos SQL, puedes utilizar consultas con este lenguaje en un motor de bases de datos relacional, como MySQL o SQL Server (**Figura 9.1.**).

Existen distintos tipos de relaciones entre tablas dentro del desarrollo. Los tres más comunes son: relaciones de uno a uno, relaciones de uno a varios, y un poco más complejas, relaciones de muchos a muchos. Todas ellas permiten que un tipo de dato se asocie con otros datos diferentes, entre los cuales se comparte alguna relación.

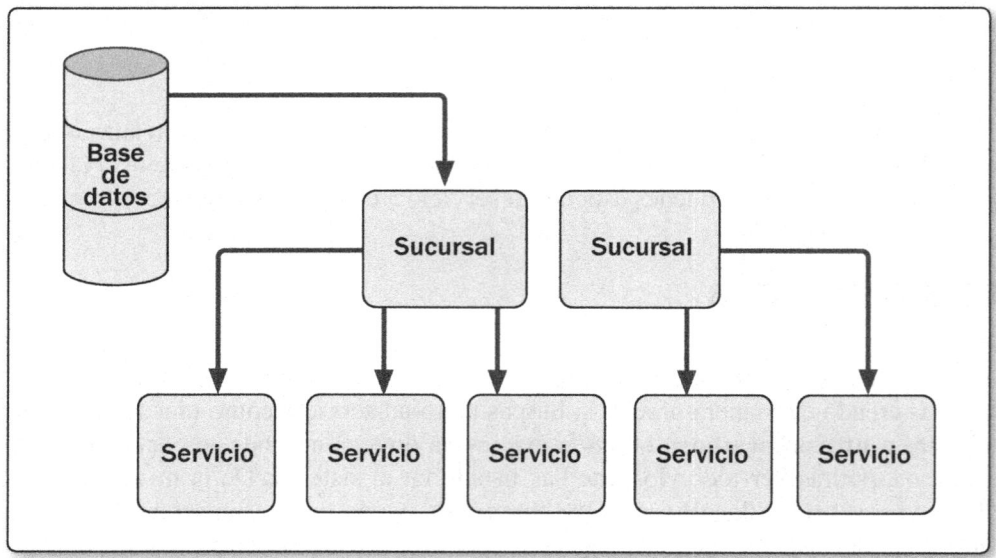

Figura 9.1. Las relaciones entre modelos son comunes entre distintos tipos de sistemas.

La relación más sencilla es la de uno a uno, en la cual un objeto tiene asociado otro objeto en otra tabla vecina. En este caso, dependiendo de cómo se construya el sistema, cada objeto puede tener o no otro asociado, pero nunca, más de uno. Por lo general, cada registro tiene otro asociado, y en algunos casos menos comunes, puede que un objeto no tenga un registro hijo. La situación más habitual se da cuando se crean tablas para almacenar datos extra de otro modelo, por ejemplo, de un usuario. Si una tabla se extiende y comienza a tener una gran cantidad de columnas, es posible crear una tabla extra con datos de los usuarios asociados de uno a uno. Cada usuario tiene un registro, y solo uno, dentro de la tabla de datos extra, pero nunca más de uno. La relación por lo general se realiza mediante una clave foránea, que coincide con la clave principal de la otra tabla, que en este caso es la tabla de usuarios.

En el caso de las relaciones de uno a muchos, cada registro posee una cantidad variable de objetos asociados en otra tabla. Un objeto que se crea en la tabla posee un campo clave, al cual se hace referencia en la tabla vecina, donde varios registros pueden estar asociados con una misma **clave foránea**.

Un ejemplo muy común es una entrada de un blog que puede tener asociados varios comentarios, en cuyo caso es una relación de uno a muchos; o donde un usuario puede tener varios comentarios asociados a su perfil, caracterizándose con una relación de uno a muchos de igual forma.

En las relaciones de un registro con varios de otra tabla, un elemento puede tener asociado un objeto de la tabla, varios o ninguno, comparándolo con el ejemplo anterior, cuando un usuario puede tener un comentario solo, varios comentarios o ninguno.

La relación de uno a varios es bastante frecuente en el mundo del desarrollo, ya que permite asociar distintos registros entre sí. Suele usarse en redes sociales para gestionar la información que los usuarios comparten, o en comercios electrónicos para gestionar categorías y productos. Además, si se aborda desde la programación orientada a objetos, en un sistema bien definido, permite acceder a los datos del objeto al cual pertenece un registro o, a su vez, devolver un arreglo con todos los objetos asociados a un registro.

Las relaciones de muchos a muchos son, quizá, las más complejas dentro de estas tres categorías, porque permiten asociar varios registros entre sí, con una cantidad indefinida de relaciones. Un objeto puede tener varios registros asociados y, a su vez, este último puede tener otros objetos desde los cuales se asocia.

Un ejemplo puede ser un sistema desde el que se ven películas o series. Una serie puede estar catalogada dentro de un género, y al acceder a un género en particular, se ven todas las obras asociadas a él. Sin embargo, cada película o serie puede tener distintos géneros asociados a la misma obra, es decir, pertenecer a varios géneros.

Para lograr una relación de muchos a muchos, es recomendable emplear una tabla extra o **pivot**, que permite crear varias relaciones entre los mismos objetos, relacionando varias veces el mismo objeto con otros, que, a su vez, tienen otros objetos relacionados.

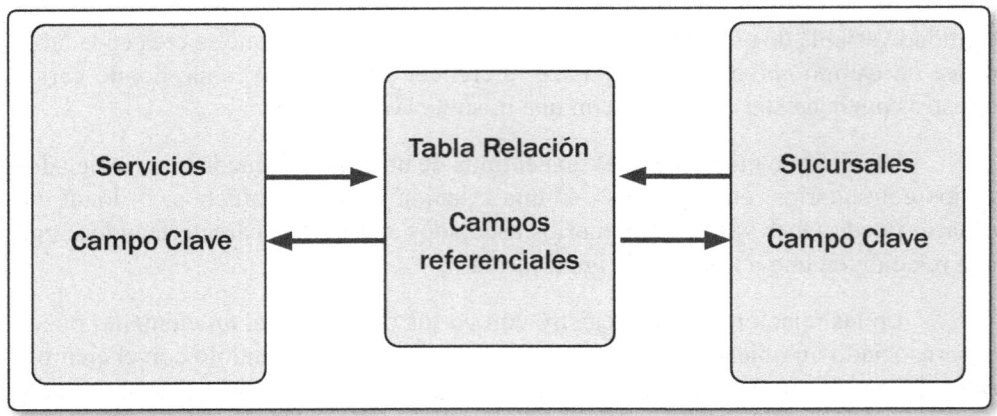

Figura 9.2. Una relación de varios a varios requiere de una tabla extra que maneje la relación.

En el caso de esta aplicación, será necesario que, en cada situación en la cual un usuario busca un servicio, se retorne el concesionario desde el cual se lo está ofreciendo; para lograr este resultado habrá que crear una relación de uno a varios.

La ventaja que ofrece ASP.NET Core, por sobre el uso de un lenguaje simple sin ningún framework para el desarrollo, es la facilidad para realizar este tipo de consultas, cuando se incluyen relaciones.

Si vas a trabajar únicamente sobre un lenguaje como **PHP**, **Java** o **Python**, sin utilizar alguno de los frameworks o librerías que estos lenguajes soportan (como **Hibernate** o **Laravel**), te será necesario utilizar distintas consultas recursivas, algo sumamente desaconsejado y poco óptimo.

Una mejor opción es aplicar consultas SQL formuladas por ti mismo, haciendo uso de instrucciones **JOIN** en cada caso, que te permitan unir diferentes tablas utilizando como referencia los campos clave. Esta sería una tarea muy tediosa, así como propensa a generar errores en las aplicaciones.

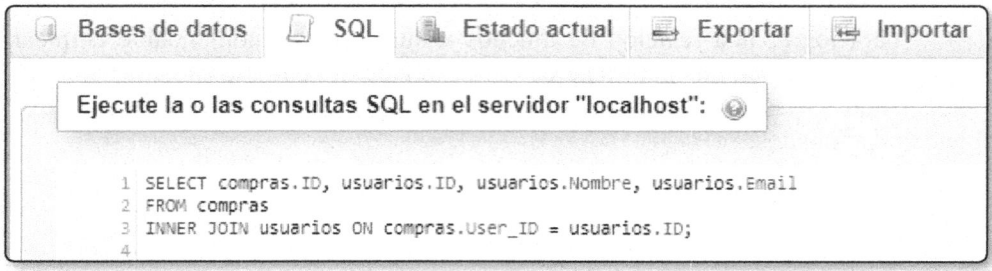

Figura 9.3. Las consultas JOIN permiten unir varias tablas entre
sí, por medio de campos clave referenciados.

Sin embargo, en ASP.NET Core se brinda una solución mucho más elegante y sencilla para estas situaciones. En primer lugar, tendrás que comenzar a modificar tus modelos. Cada servicio necesita tener asociada una sucursal; por ende, dirígete al modelo **Servicio.cs**, que se ubica dentro de la carpeta **Models**.

Dentro de la clase **Servicio**, coloca una nueva propiedad, de tipo **Sucursal**, que puedes llamar de la forma que desees, y también, un campo denominado **SucursalId**, de tipo entero, ambos de visibilidad pública, de la siguiente manera:

```
public class Servicio
{
    public Servicio()
    {

    }
    public int Id { get; set; }
    public string Nombre { get; set; }
    public double Precio { get; set; }
    public int SucursalId { get; set; }
    public Sucursal Sucursal { get; set; }
}
```

Como puedes ver, ahora cada objeto **servicio** tiene asociado un campo de clase de tipo **Sucursal**, es decir que podrás acceder a las propiedades de esta clase cuando lo desees, para mostrar información extra sobre el lugar desde el cual se ofrece el servicio.

Una vez hecho esto, dirígete a la clase **Sucursal**, ubicada también dentro de la carpeta **Models**, y allí agrega un nuevo campo de clase, de tipo **List**, que contenga objetos de la clase **Servicio**:

```
public class Sucursal
{
    ...
    public List<Servicio> Servicios { get; set; }
}
```

Ahora, cada sucursal posee una lista de servicios que se brindan en ella. Si este es un proyecto nuevo y necesitas hacer una nueva migración, deberías crear la migración de los servicios, respetando los campos que has creado, en este caso, la clave de la sucursal a la que corresponde. En este ejemplo, dado que la migración ya fue ejecutada y solo deseas agregar un nuevo campo al diseño de la tabla **servicios**, puedes modificar manualmente la base de datos. Dirígete al **Explorador de Objetos de SQL Server**, abre la tabla de **Servicios** en el modo de diseño, y allí, desde un script SQL o por medio de la interfaz gráfica de Visual Studio, agrega el campo **SucursalId** de tipo entero. Una vez hecho esto, presiona el botón **Actualizar** para enviar los datos a la base.

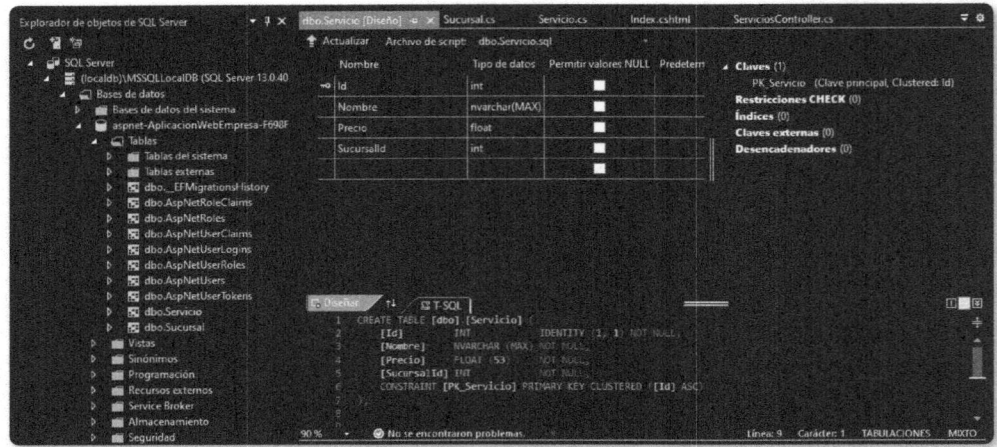

Figura 9.4. Visual Studio te permite actualizar rápidamente las tablas de una base de datos.

Recuerda que, en este caso, tendrás que borrar los servicios que hayas guardado en el sistema, dado que el campo **SucursalId** no debe ser en ningún caso nulo. Por esta misma razón, será necesario modificar el formulario de creación de servicios, para que se le asigne, en cada caso, un campo clave de la sucursal a la que corresponde.

9.2 RELACIONAR EN LAS VISTAS

Para comenzar, trabajarás con un campo de tipo **input**, que ingrese manualmente el número de la sucursal. Dirígete al archivo **Create.cshtml**, dentro de la carpeta **Servicios**, en el directorio **Views**, y allí coloca el siguiente código, debajo del campo que te permite definir el precio del servicio:

```html
<div class="form-group">
    <label asp-for="SucursalId" class="control-label"></label>
    <input asp-for="SucursalId" class="form-control" />
    <span asp-validation-for="SucursalId"
        class="text-danger"></span>
</div>
```

Una vez hecho esto, ya puedes comenzar a guardar servicios en el sistema con el nuevo campo que defina la sucursal. Busca en la base de datos el campo clave de una sucursal y, luego, lanza la aplicación en el navegador, accede con tu usuario administrador y dirígete a la ruta **https://localhost:44308/Servicios/Create**, que te permitirá crear un nuevo servicio (**Figura 9.5.**).

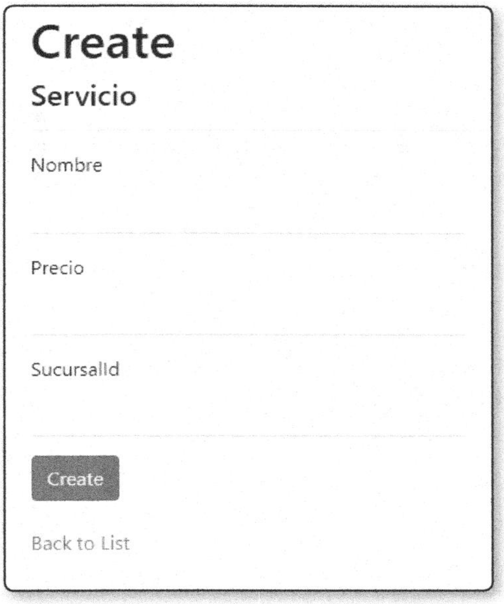

Figura 9.5. Visual Studio te permite actualizar rápidamente las tablas de una base de datos.

El servicio se guarda y puedes verlo dentro de la lista de servicios disponibles en el sistema. Sin embargo, el usuario aún no puede ver a qué sucursal pertenece cada uno. Por esta razón, tendrás que editar algunos archivos extra, comenzando por **Index.cshtml**, donde deberás modificar la tabla en la cual se visualizan todos los servicios. Agrega un **<th>** a la tabla de esta forma:

```
<th>
    @Html.DisplayNameFor(model => model.SucursalId)
</th>
```

Lego, modifica el bucle **foreach** que recorre la lista de servicios:

```
@foreach (var item in Model) {
    <tr>
    <td>
        @Html.DisplayFor(modelItem => item.Nombre)
    </td>
```

```
<td>
    $
    @Html.DisplayFor(modelItem => item.Precio)
</td>
<td>
    @Html.DisplayFor(modelItem => item.Sucursal.Nombre)
</td>
...
</tr>
}
```

Como puedes ver, desde cada objeto de tipo **Servicio**, ahora puedes acceder a la propiedad **Sucursal** y, a su vez, a las propiedades que este último posee.

Sin embargo, si lanzas la aplicación en este punto, no podrás acceder a esa propiedad, y en lugar de ver el nombre de la sucursal, verás solo un espacio en blanco.

Esto se debe a que, en la lista de servicios que se ha creado en el controlador, es necesario incluir las sucursales relacionadas. Dirígete al archivo **ServiciosController. cs** y busca el método **Index**, que se encarga de buscar todos los servicios que hay en el sistema. Edítalo de la siguiente forma:

```
// GET: Servicios
public async Task<IActionResult> Index()
{
    var servicios = _context.Servicio
        .Include(s => s.Sucursal)
        .AsNoTracking();
    return View(await servicios.ToListAsync());
}
```

En este método, se utiliza el contexto actual para buscar todos los servicios, y por medio del método **Include()**, se llama a la clase que se encuentra relacionada con los servicios, en este caso, las sucursales. Una ventaja de que el desarrollador deba llamar manualmente a las relaciones de cada clase reside en que, en caso de no necesitar dicha relación, la consulta a la base de datos no se realizará de forma completa; es decir, solo se llama a las propiedades relacionadas que se requieren. Imagina que este modelo posea otras propiedades relacionadas, como un usuario o una venta o producto. En otros frameworks y ORMs, las consultas se hacen completas, trayendo todas las propiedades relacionadas aun cuando el desarrollador no las precise. En este ejemplo, se traería también a los usuarios, las ventas y los productos, cuando únicamente te interesa ver la sucursal. En ASP.NET, el desarrollador debe indicar qué relaciones quiere incluir, con lo cual las consultas a la base de datos son mucho más sencillas y el sistema resulta mucho más eficaz.

El método **Include()** toma como parámetro una función **Lambda** o anónima, para que se incluya en cada objeto el modelo relacionado. Si buscas el método dentro del código fuente del EntityFramework, verás un resumen de él, los parámetros que toma y el valor devuelto.

```
ServiciosController.cs        Index.cshtml        Create.cshtml                              EntityFrameworkQu...ns [de metadatos]
Microsoft.EntityFrameworkCore          Microsoft.EntityFrameworkCore.EntityFramewor    Include<TEntity, TProperty>(IQueryable<TEntity
918    public static IQueryable<TEntity> IgnoreQueryFilters<TEntity>([NotNullAttribute] this IQueryable<TEntity> source)
934    public static IQueryable<TEntity> Include<TEntity>([NotNullAttribute] this IQueryable<TEntity> source, [NotNullAtt
955    //
956    // Resumen:
957    //     Specifies related entities to include in the query results. The navigation property
958    //     to be included is specified starting with the type of entity being queried (TEntity).
959    //     If you wish to include additional types based on the navigation properties of
960    //     the type being included, then chain a call to Microsoft.EntityFrameworkCore.EntityframeworkQueryableExtensions.
961    //     after this call.
962    //
963    // Parámetros:
964    //   source:
965    //     The source query.
966    //
967    //   navigationPropertyPath:
968    //     A lambda expression representing the navigation property to be included (t =>
969    //     t.Property1).
970    //
971    // Parámetros de tipo:
972    //   TEntity:
973    //     The type of entity being queried.
974    //
975    //   TProperty:
976    //     The type of the related entity to be included.
977    //
978    // Devuelve:
979    //     A new query with the related data included.
980    public static IIncludableQueryable<TEntity, TProperty> Include<TEntity, TProperty>([NotNullAttribute] this IQueryable<
981    public static Task<TSource> LastAsync<TSource>([NotNullAttribute] this IQueryable<TSource> source, CancellationToke
90 %        No se encontraron problemas.                                          Línea: 971    Carácter: 31    5PC    CRLF
```

Figura 9.6. Desde Visual Studio puedes ver el código fuente del framework.

Si cargas algunos servicios en el sistema y lanzas la aplicación en este punto, dentro de la lista de servicios verás, además del nombre y el precio que has definido, el nombre de la sucursal asociada.

Nombre	Precio	SucursalId	
Limpieza de coche integral	$ 5200	Sucursal de Buenos Aires	Edit | Details | Delete
Cambio de escobillas de limpiaparabrisas	$ 1400	Sucursal principal en México	Edit | Details | Delete

Figura 9.7. La lista de servicios ahora muestra también la sucursal asociada.

Ahora, el sistema muestra los datos cuando se listan completos; sin embargo, es necesario hacer el mismo cambio en el método que retorna la lista de servicios buscados, para que se dé el mismo resultado. Busca el método **SearchResults()** y edítalo de esta manera:

```
//POST busqueda
public async Task<IActionResult> SearchResults(string search)
{
    return View("Index", await _context.Servicio.Where(
        s => s.Nombre
        .Contains(search)).Include(
        s => s.Sucursal).AsNoTracking().ToListAsync());
}
```

Ahora, al realizar alguna búsqueda de algún servicio, podrás ver el nombre de la sucursal asociada. De la misma forma, puedes agregar otro dato que te interese que los usuarios vean, como el teléfono de la sucursal:

```
<td>
    @Html.DisplayFor(modelItem => item.Sucursal.Telefono)
</td>
```

Ahora puedes ver, además del nombre, el teléfono asociado a la sucursal del sistema.

Además de esto, sería interesante lograr el resultado opuesto, es decir, obtener una lista de servicios asociados a una misma sucursal. Para lograrlo, ya has definido un campo de tipo **List<Servicio>** dentro del modelo **Sucursal**, que te permite obtener una lista completa de todos los servicios ofrecidos en una sucursal. Ahora solo es necesario que te dirijas al controlador **SucursalsController** y allí, edites el método **Details**, de la siguiente manera:

```
public async Task<IActionResult> Details(int? id)
{
    if (id == null)
    {
        return NotFound();
    }

    var sucursal = await _context.Sucursal
        .Include(s => s.Servicios)
        .FirstOrDefaultAsync(m => m.Id == id);

    if (sucursal == null)
    {
```

```
        return NotFound();
    }

    return View(sucursal);
}
```

En este caso, como puedes ver, se utiliza el método **Include()** para incluir los servicios asociados a la sucursal que se ha encontrado. Aquí devolverá una lista, que puedes recorrer en la vista **Razor**, para lo cual tendrás que prestar atención al archivo **Details.cshtml**, dentro de la carpeta **Sucursales**, en el directorio **Views**. Allí, debajo de la tabla que muestra los detalles de la sucursal, puedes colocar una nueva fila de datos, con un elemento **<div>** con la clase **row**, y en su interior, un bucle **foreach** que recorra la lista de servicios que la sucursal posee, de esta forma:

```
<div class="row">
    <div class="col-12 col-sm-12 col-md-6 col-lg-6 col-xl-6">
        <h4>Lista de servicios de la sucursal</h4>
        <dl>
            @foreach (var item in Model.Servicios)
            {
                <dt> Nombre: @item.Nombre </dt>
                <dd> Precio: @item.Precio </dd>
            }
        </dl>
    </div>
</div>
```

Como puedes ver, se crea una lista de tipo **<dl>** o **Description List**, que te permite definir una lista con detalles anidados. Por cada vuelta del bucle, se mostrará un elemento con el nombre y el precio del servicio ofrecido.

Figura 9.8. Ahora cada vista de detalles muestra una lista de servicios asociados.

9.3 AJUSTES AL SISTEMA

Es momento de realizar los últimos ajustes para mejorar la navegación y la experiencia del usuario al utilizar la aplicación. Como has visto, aún quedan detalles para que la aplicación quede ciento por ciento lista para su uso, y hay algunos detalles por reparar. En primer lugar, es necesario trabajar con las vistas para que algunos links o hipervínculos se muestren solo para ciertos usuarios y para los administradores. Por ejemplo, al buscar una sucursal, la tabla generada deberá mostrar un enlace para crear un nuevo elemento, así como también un enlace para borrar o editar el registro en la base de datos. Aunque ya viste en el capítulo anterior cómo evitar que un usuario no registrado o uno distinto del administrador entre en el sistema, los enlaces a estas secciones aún se están mostrando. Por lo tanto, es necesario mostrar los enlaces únicamente en caso de que el usuario que ha iniciado sesión sea el administrador; de lo contrario, no tienen que mostrarse, para lo cual será necesario utilizar directivas Razor que muestren contenido de forma condicional.

Una manera de lograrlo es mediante el nombre de usuario que se ha ingresado. Dirígete al archivo **Index.cshtml**, dentro de la carpeta **Sucursals**, en el directorio **Views**, y allí, edita la tabla con los resultados, en la última columna. Para acceder al mail del usuario, puedes utilizar un código similar al que usaste en el capítulo anterior, mediante el objeto **User**, accediendo a su propiedad **Name**:

```
User.Identity.Name
```

Allí, coloca el siguiente código, en la sección de los enlaces a la edición, borrado y detalles del registro:

```
<td>
<a asp - action="Details" asp-route-id="@item.Id"> Details </a>
@if (User.Identity.Name == "administracion@admin.com")
{
    <a asp-action="Edit" asp-route-id="@item.Id">Edit</a>

    <a asp - action="Delete" asp-route-id="@item.Id"> Delete </a>
}
</td>
```

De esta manera, si quien ha iniciado sesión es el administrador, podrá editar o borrar el registro de la base de datos. En caso contrario, los enlaces no se mostrarán desde un principio.

Una vez hecho esto, realiza el mismo procedimiento dentro del archivo **Index.cshtml**, en la carpeta **Servicios**, para que la lista de servicios que se muestra al realizar una búsqueda no presente los enlaces de edición o borrado.

En la parte superior del archivo, encontrarás un pequeño código HTML:

```
<p>
    <a asp-action="Create">Create New</a>
</p>
```

Para evitar que un usuario vea este enlace, puedes rodearlo con un condicional similar al anterior, de la siguiente manera:

```
@if (User.Identity.Name == "administracion@admin.com")
{
<p>
    <a asp-action="Create">Create New</a>
</p>
}
```

En este momento la pantalla en la cual se listan todas las sucursales es inaccesible para el usuario normal. Es decir, si un usuario desea ver todos los lugares o locales donde comprar, así como todos los servicios del sistema, no podrá hacerlo. Solamente puede lograrlo entrando por medio de la barra del navegador, si adivina la dirección. Por lo tanto, es necesario ingresar algunos hipervínculos en la pantalla de bienvenida que permitan al usuario acceder a estas pantallas. Dentro de la carpeta **Home**, en el directorio **Views**, busca la carpeta **Index.cshtml**, y debajo del contenido que has creado, coloca el siguiente código:

```
<div class="row justify-content-center">
    <h4>O si lo desea puede...</h4>
</div>
<br />
<br />
<div class="row justify-content-center">
    <div class="col-12 col-sm-12 col-md-4 col-lg-4 col-xl-4">
        <h5>Ver todas las sucursales</h5>
        <a asp-controller="Sucursals"
           class="btn btn-primary">Sucursales</a>
    </div>
    <div class="col-12 col-sm-12 col-md-4 col-lg-4 col-xl-4">
        <h5>Ver todos los servicios</h5>
        <a asp-controller="Servicios"
           class="btn btn-primary">Servicios</a>
    </div>
</div>
```

Ahora, la lista de elementos del sistema, tanto sucursales como servicios, es accesible desde la pantalla principal del navegador. El sistema ha quedado completamente funcional, protegido tras el login, diferenciado entre usuarios administradores o regulares, y con relaciones entre tablas, para permitir que los usuarios vean la sucursal en la cual se ofrece un servicio o su teléfono, e ingresen para ver todos los detalles, así como también una lista de los servicios que se brindan en cada sucursal.

9.4 ACTIVIDADES

A continuación se presentan las preguntas y los ejercicios que deberías saber responder y resolver, para considerar aprendido el capítulo.

9.4.1 Test de autoevaluación

1. ¿Qué es una relación de modelos o tablas?

2. ¿Qué tipo de relaciones existen?

3. ¿Con qué campo se realiza una relación?

4. ¿Cómo se puede acceder a las propiedades del usuario en una vista?

9.4.2 Ejercicios prácticos

*1. Dirígete a la vista **Details.cshtml** dentro de las sucursales.*

*2. Allí, crea una tabla HTML dentro de la cual se muestre una fila, con elementos **<tr>** por cada vuelta del bucle, y **<td>** con el nombre y el precio del servicio.*

3. Agrega varios servicios a cada sucursal.

4. Dentro de la lista de servicios, tanto de la lista completa como de la de búsqueda, restringe los datos que los usuarios pueden ver.

5. Para hacerlo, cuando el nombre de usuario sea nulo, no muestres ningún teléfono, y si el usuario está registrado, muestra la dirección y el teléfono.

GLOSARIO

► **Apache**: servidor HTTP de código abierto, multiplataforma, desarrollado por Apache Software Foundation.

► **Async**: instrucción que indica operaciones asíncronas, que rompen con la lógica en la cual un programa espera a terminar una operación para continuar con la siguiente.

► **Clave foránea**: dentro de los motores SQL, clave que hace referencia a una primaria en una tabla externa.

► **Consulta JOIN**: consulta de tipo SQL que permite relacionar los datos entre tablas por medio de claves.

► **CRUD**: instrucciones de trabajo con datos básicos; Create, Read, Update y Delete.

► **Description List**: elemento HTML que permite declarar una lista con detalles asociados a cada elemento.

► **Firma del método**: es tanto su nombre, como la cantidad de parámetros que espera, así como también su visibilidad, tipo de dato devuelto y cualquier otra característica que el lenguaje permita aportarle, como el ser asíncrona u otras.

► **Fortran**: lenguaje de programación multipropósito, de nivel alto, orientado al cálculo numérico.

► **Headers**: en este caso, se hace referencia a encabezados de sitios web, tanto barras de navegación como banners o títulos.

► **Herencia**: una de las principales características de la programación orientada a objetos, que permite extender funcionalidades y características de una clase.

▸ **Hibernate**: ORM para el trabajo con Java, que facilita el mapeo de datos con bases de datos en este lenguaje.

▸ **Ionic**: plataforma para el desarrollo de aplicaciones nativas del móvil, que permite el uso de JavaScript con herramientas como Angular o React.

▸ **JQuery**: librería de JavaScript orientada a minimizar y simplificar el código escrito en este lenguaje.

▸ **Lambda**: función anónima que es llamada en el momento en que se declara y que no posee nombre.

▸ **Laravel**: framework de código abierto del lenguaje PHP.

▸ **Nginx**: servidor web ligero, de código abierto BSD, con una versión paga, desarrollado por Igor Sysoev.

▸ **Open Source**: el software de código abierto se caracteriza por ser gratuito, de licencia abierta; permite su distribución en la comunidad, y ofrece el código fuente para su uso y mejora.

▸ **Robert C. Martina**: ingeniero y programador famoso por participar en la creación de los principios SOLID, conocido por su apodo Uncle Bob.

▸ **Tabla Pivot**: tabla asistente para almacenar las relaciones entre dos tablas.

▸ **Unity**: plataforma de desarrollo de videojuegos que utiliza Visual Studio y C# como bases para el desarrollo.

▸ **Xamarin**: actual subsidiaria de Microsoft, esta empresa permite a los desarrolladores trabajar programando aplicaciones nativas para iOS y Android.

Parte 3

INTERFACES AVANZADAS. SERVICIOS WEB. APIs

API RESTful
Funcionalidad
Datos
Consultas
Glosario

10

API RESTFUL

En esta entrega de la colección de ASP.NET, comenzarás a trabajar con la creación de APIs REST, una interfaz de programación de aplicaciones en la cual el entorno de Microsoft te proveerá de interesantes herramientas para facilitar tu labor.

10.1 PRIMEROS PASOS

En los volúmenes anteriores, utilizaste el andamiaje del entorno de trabajo de Microsoft para desarrollar aplicaciones web, integrando tanto el back-end del sistema con los controladores y modelos, que se usan con el lenguaje C#; como el front-end, creado con HTML y código C# embebido, para mostrar la información de manera organizada, como en cualquier tipo de página web. Las rutas, los controladores, los modelos y las vistas se separan en distintos módulos y carpetas, respetando el patrón de diseño MVC, pero dentro de una misma aplicación. Este es un método de trabajo muy útil y frecuente, ya que permite manejarse de forma modular, escalable y organizada. Sin embargo, para crear una aplicación de esta manera, es necesario tener conocimientos sobre desarrollo full stack, es decir, saber trabajar tanto con el front-end como con el back-end, lo cual requiere de mucho tiempo e inversión en estudio. En caso de trabajar con dos desarrolladores o más en el mismo proyecto para crear el front y el back-end, todos deben conocer al menos un poco del lenguaje C# y del framework ASP.NET, incluso, quienes trabajen solo con el front-end, para poder mostrar los datos necesarios. Además, resulta problemático que un desarrollador, por error, modifique información que no le corresponda, y se requiera el trabajo de todo el equipo para reparar el código.

Una forma de solucionar este inconveniente es crear una API, o interfaz de programación de aplicaciones. Se trata de una herramienta que, por medio de distintas tecnologías, permite conectar un servidor con un cliente, distintos servidores entre sí o, incluso, una aplicación del front-end con otra del back-end. Esto tiene varias ventajas. En primer lugar, el proyecto se divide en dos partes: por un lado el back-end, y por el otro el front-end, de modo que los desarrolladores de cada lado pueden utilizar las tecnologías que deseen. Si uno quiere usar **Angular**, **React**, **Vue. JS** o, simplemente, HTML y JavaScript limpios o con librerías como **JQuery**, puede hacerlo sin ningún problema. De la misma forma, permite que los desarrolladores de cada lado programen con libertad, trabajando únicamente con las partes de las aplicaciones que les corresponden, sin miedo a editar o modificar código de otra sección. Esto resulta en aplicaciones aún más escalables y fáciles de mantener o mejorar.

Pero también existen algunas desventajas, al igual que sucede con el trabajo de otras metodologías vistas en volúmenes anteriores. Encarar un proyecto de esta forma implica que los desarrolladores conozcan tecnologías como JSON, **AJAX**, XML en algunos casos, comunicación entre servidores, navegadores, y otros temas. Si se trata de un proyecto creado por un único programador, este debe conocer varias tecnologías simultáneamente.

Si deseas conocer sobre tecnologías como **AJAX**, y el modo de manipular información de un back-end en JSON, puedes leer JavaScript, la guía de RedUSERS, en particular, el capítulo referido a Manejo de datos remotos con JSON, en el siguiente enlace.

En resumen, encarar un proyecto de un modo u otro presenta varias ventajas y desventajas, con lo cual la decisión debe tomarse dependiendo de la situación, pero saber ambas formas es un gran beneficio y un muy buen recurso de conocimiento.

En este caso, Microsoft ofrece una solución para trabajar en la creación de APIs RESTful, sistemas que actúan como conexión por medio del protocolo HTTP, y que envían o reciben la información en formato JSON. ASP.NET Core Web API es un modelo de proyecto que ofrece el entorno para crear servicios web, y permite desarrollar de modo organizado, modular y escalable para crear una API REST. Esta puede trabajar con una base de datos, manipular la información creando o modificando registros, y devolver la información necesaria, por medio de peticiones de una aplicación que corre en el navegador. Una API REST puede usarse fácilmente con JavaScript desde el lado del cliente, si se conocen sus **end-points**.

Para comenzar a trabajar, abre el entorno de desarrollo Visual Studio y, en el asistente de inicio, selecciona la opción para crear un nuevo proyecto. Dentro de la lista, busca la alternativa ASP.NET Core Web API, bajo el lenguaje de programación C#.

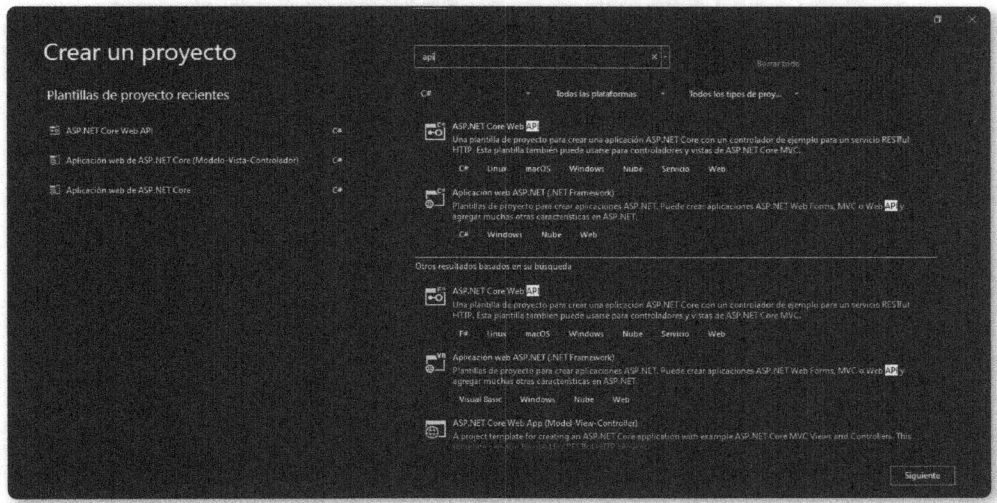

Figura 10.1. Visual Studio te asistirá en la creación del proyecto API Web.

Una vez seleccionada esta opción, elige un nombre para el proyecto, y para finalizar, el SDK de desarrollo para utilizar en tu nueva aplicación. Recuerda que el SDK 5.0 tiene características interesantes que puedes emplear, pero aún no ha sido aplicado en todos los servidores de producción. Por lo tanto, si planeas desplegar tu proyecto a la Web, tendrás que optar por un servicio que posea esta versión. El SDK 3.1 está instalado en la mayoría de los servidores, y cuenta con amplia compatibilidad y soporte extendido, con lo cual es una buena alternativa (**Figura 10.2.**).

Una vez que hayas terminado de configurar el proyecto, Visual Studio se encargará de crear toda la estructura estándar de una solución de ASP.NET Core API, de modo que podrás comenzar a trabajar de inmediato. Antes de hacerlo, sería interesante entender la estructura de directorios que posee un proyecto de estas características (**Figura 10.3.**).

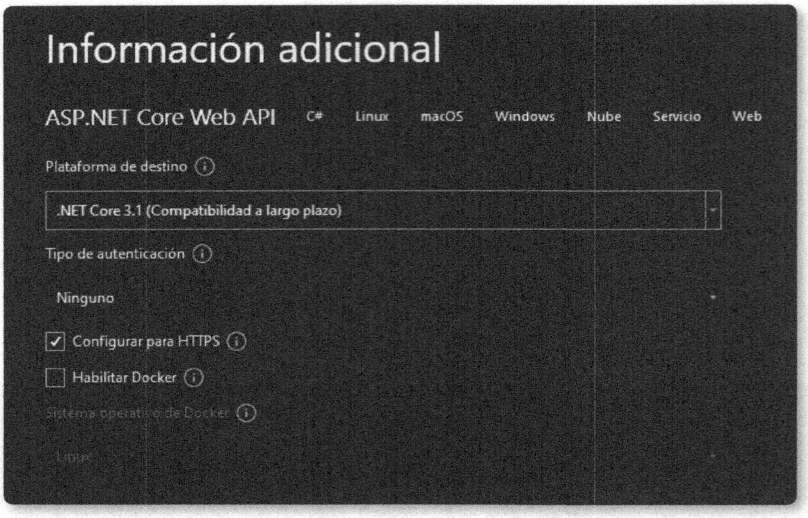

Figura 10.2. Puedes seleccionar entre los distintos SDK que tengas instalados; al día de hoy, la 5 es la última versión.

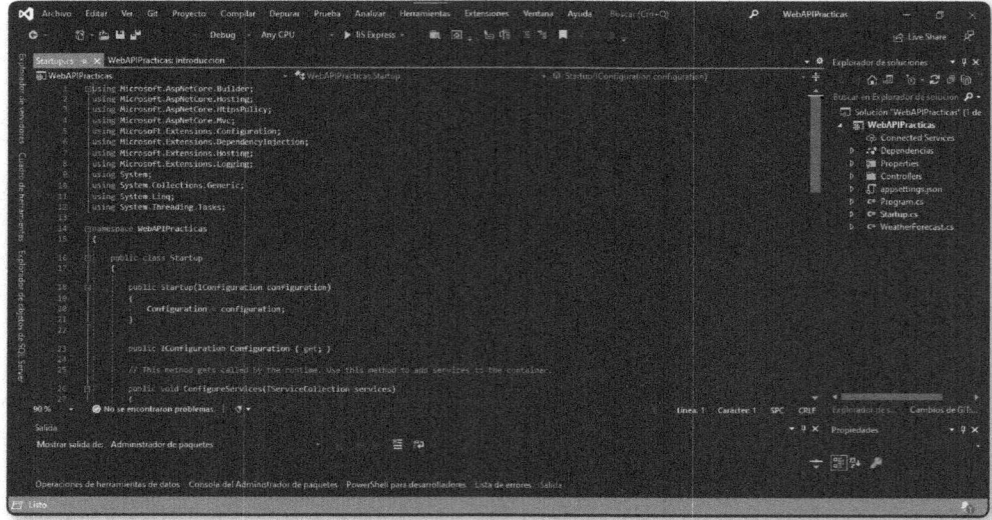

Figura 10.3. Esta es la estructura básica estándar de cualquier proyecto ASP.NET Web API.

El proyecto creado tendrá un archivo llamado **Program.cs**, y otro con el nombre **Startup.cs**. Como viste en entregas anteriores de esta colección, ambos se ocupan de cargar la configuración del proyecto y de iniciarlo, con toda la información que se almacena en archivos JSON. Al igual que en los proyectos de Razor o ASP.NET Core, puedes ver que se ha creado una carpeta llamada **Controllers**, y como podrás imaginar, en ella hay un archivo con el controlador creado automáticamente por Visual Studio. En este caso se denomina **WeatherForecastController.cs** y hereda de **ControllerBase**. Esta clase abstracta contiene varios métodos muy útiles en la definición de rutas, contextos, métodos **HTTP** e, incluso, andamiaje de usuarios y autenticación.

Dentro de la carpeta **Properties** encontrarás un archivo JSON que se utiliza para almacenar la información básica de lanzamiento de la aplicación, como el puerto **SSL** y la URL básica, entre otras cosas.

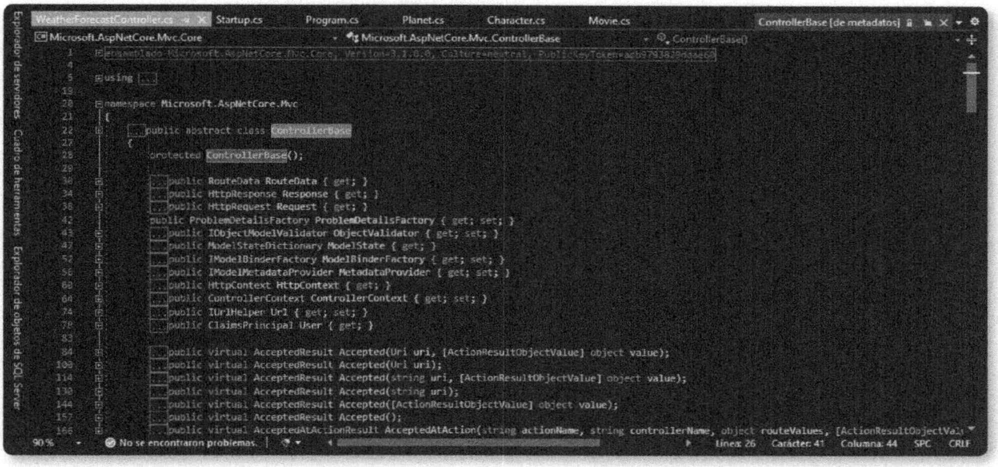

Figura 10.4. La clase ControllerBase del framework brinda varios métodos abstractos.

Por último, la clase **WeatherForecast.cs**, ubicada en la raíz del proyecto, es un modelo básico creado automáticamente para probar que el proyecto funciona de manera correcta tras instalarlo. Si ingresas en este archivo, verás que, en su interior, hay una clase con cuatro propiedades, similar a esta:

```
public class WeatherForecast
{
    public DateTime Date { get; set; }

    public int TemperatureC { get; set; }

    public int TemperatureF => 32 + (int)(TemperatureC / 0.5556);
```

```
    public string Summary { get; set; }
}
```

Si lanzas la aplicación que instalaste, se abre en la ruta inicial

/weatherforecast, la cual muestra un arreglo de datos del clima en formato JSON (**Figura 10.5.**).

Esto se debe a que, dentro del controlador, se está creando un arreglo de datos aleatorios en formato JSON y devolviéndose en esta ruta. Una API es un conjunto de rutas o end-points, que devuelven o reciben información. Sin embargo, en este caso no crearás una API del clima o que retorne información sobre el estado del tiempo, sino una que muestre datos de una de las películas más vista del mundo, Star Wars. En esta aplicación se generará información en la base de datos sobre las películas, y se mostrará para que una aplicación del front-end pueda consumirla y realizar operaciones.

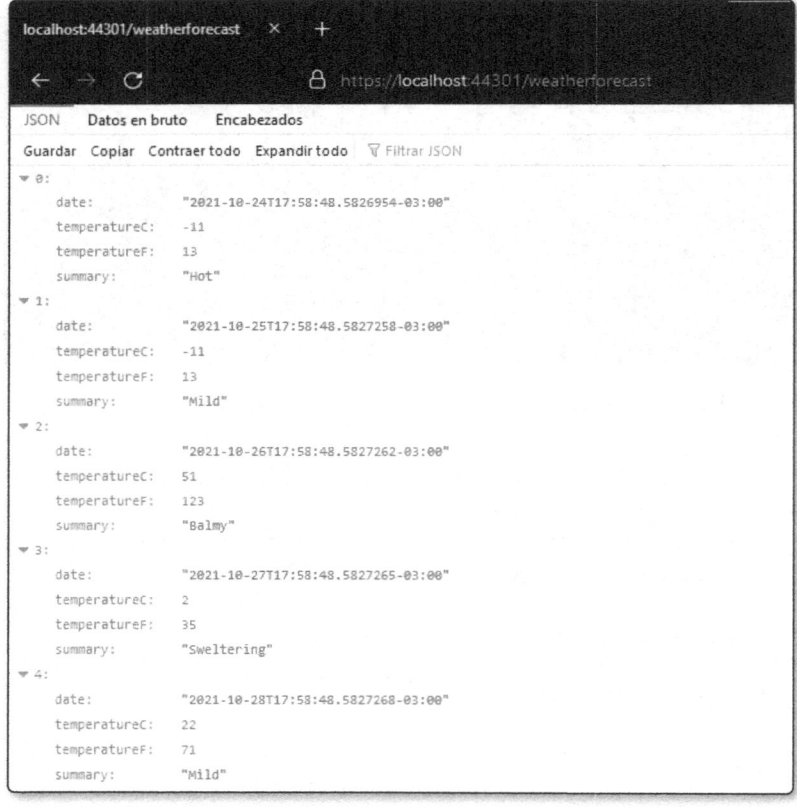

Figura 10.5. Si trabajas con el navegador Mozilla Firefox, los datos en JSON se organizarán visualmente para su lectura.

10.2 CREAR LOS MODELOS

Como habrás notado, en este modelo de aplicación no se ha creado por defecto una carpeta **Models** que se encargue de almacenar las clases con las entidades que manipula la aplicación. Pero sería una buena práctica tener una carpeta que almacene todos los modelos que la aplicación necesite utilizar.

Para esto, crea una carpeta en la raíz del proyecto llamada **Models**, y allí coloca una clase **Movie**, que representará cada una de las películas de la saga:

```
public class Movie
{
    public long Id { get; set; }
    public string Name { get; set; }
    public int Year { get; set; }
}
```

La clase **Movie** tendrá la propiedad **Id**, que funcionará como campo único dentro de la tabla correspondiente, y facilitará las operaciones de creación, borrado o búsqueda de la información. También posee un campo para el nombre y otro para el año, que representa el lanzamiento de la película.

Aunque es viable definir los nombres de las clases, campos y métodos en español, se considera que es mejor hacerlo en inglés, para que el framework comprenda de forma correcta qué elemento se está manipulando. La mayoría de los entornos de desarrollo, como ASP.NET, **Django**, **Spring** o **Laravel**, han sido creados en inglés y poseen ciertas características en común, de modo que, si has trabajado antes con uno de ellos, te resultará más sencillo aprenderlo. Una de las características recomendadas en estos casos es que los nombres de las clases sean en singular y en inglés, con la primera letra en mayúsculas.

Una vez creada esta clase, tendrás que crear una clase para los personajes y otra para los planetas:

```
public class Character
{
    public long Id { get; set; }
    public string Name { get; set; }
    public int Age { get; set; }
    private Planet Planet { get; set; }
    private Movie FirstAppearence { get; set; }
}
```

La clase **personaje**, en inglés **Character**, se encargará de dar formato a los objetos de este tipo. Estos tendrán un campo clave, un nombre, la edad y, también, un planeta (que será una referencia a la clase que crearás a continuación) y un campo de tipo Película, que representará la primera película en la cual hicieron su aparición. La clase **Planet** debería verse de la siguiente manera:

```
public class Planet
{
    public long Id { get; set; }
    public string Name { get; set; }
    public int Population { get; set; }
    private Movie FirstAppearence { get; set; }
}
```

Al igual que las otras clases, tendrá un campo de tipo entero, que será el campo clave de la tabla. Además, tendrá un nombre, la cantidad de habitantes y, al igual que en personajes, la primera película en la cual hizo aparición el planeta.

Como ya habrás notado, en este caso se crearán tres relaciones entre tablas o modelos, de forma similar a como lo hiciste en el capítulo anterior. Cada película se relacionará de una a muchos con los planetas y, de la misma forma, con los personajes.

En el caso de los personajes, cada uno pertenecerá a una película en la cual hizo su primera aparición, y lo mismo sucederá con los planetas. Para lograr esto, agrega estas dos referencias a la clase **Movie**:

```
private List<Character> Characters { get; set; }
private List<Planet> Planets { get; set; }
```

Ahora, es momento de configurar el contexto para comenzar a probar la API. Para esto, dentro de la carpeta **Models**, crea una nueva clase llamada **StarWarsContext**:

```
namespace WebApiExample.Models
{
    public class StarWarsContext : DbContext{

    }
}
```

Antes de configurar el contexto, tendrás que instalar algunos paquetes del gestor **NuGet** de ASP.NET.

Para hacerlo, dirígete a la pestaña de herramientas y abre el gestor de **Paquetes de NuGet**. Allí busca el paquete **Microsoft.EntityFrameworkCore. InMemory** e instálalo en tu proyecto (**Figura 10.6.**).

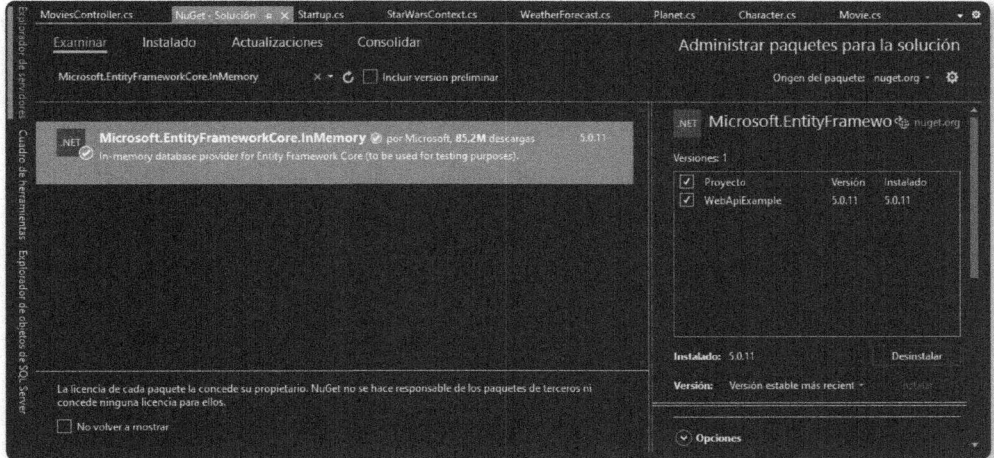

Figura 10.6. El gestor de paquetes te permitirá instalar el software del ORM necesario.

Este paquete te permitirá crear una API simple sin necesidad de conectar y cargar datos a una base de datos real en tu sistema operativo. En cambio, almacenará los datos en memoria para el testeo de tus métodos y controladores, y una vez que hayas terminado de programar todo, podrás configurar el acceso y la conexión a la base, para almacenar datos de forma persistente. Luego de instalar el paquete, dirígete a la clase que acabas de crear y, en su interior, añade el siguiente código:

```
public class StarWarsContext : DbContext
{
    public
    StarWarsContext
    (DbContextOptions<StarWarsContext> options)
        : base(options)
        {
        }

    public DbSet<Movie> Movies { get; set; }

    public DbSet<Character> Characters
```

```
        { get; set; }

    public DbSet<Planet> Planets { get; set; }
}
```

A continuación, podrás comenzar a crear controladores que se encarguen de definir rutas y métodos para tu API. Sin embargo, antes será necesario registrar este contexto en la clase **Startup**, para que, al iniciar la aplicación, el contexto se inyecte como dependencia de la clase correspondiente al inicio, que presta servicio a los controladores.

Dentro de la clase **Startup**, coloca este código:

```
using Microsoft.EntityFrameworkCore;
using TodoApi.Models;

namespace WebApiExample
{
    public class Startup
    {
    public void ConfigureServices
        (IServiceCollection services)
        {
            services.AddControllers();

            services.AddDbContext<StarWarsContext>(
                opt =>
            opt.UseInMemoryDatabase("StarWars"));
        }
    }
}
```

10.3 CONTROLADORES Y TESTEO

Ahora puedes comenzar a crear tu primer controlador. Para hacerlo, dirígete al explorador de soluciones y haz clic derecho sobre la carpeta **Controllers**. En el menú contextual, selecciona la opción **Agregar**, y luego, **Controlador...**. Una vez hecho esto, en la ventana que se ha desplegado, elige la opción de API, y entre las alternativas que ofrece el asistente de scaffolding, selecciona **Controlador de API con acciones que usan Entity Framework**, como muestra la siguiente figura.

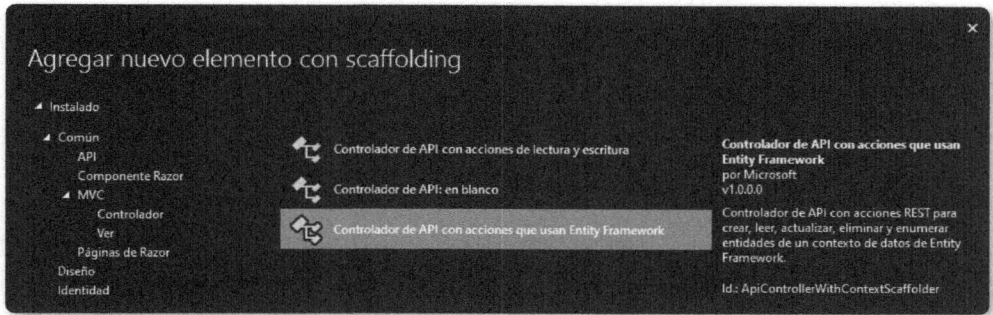

Figura 10.7. Visual Studio te ofrecerá la posibilidad de crear con
andamiaje un controlador con varios métodos.

Acto seguido, tendrás que seleccionar qué clase o modelo necesitas utilizar para trabajar con el andamiaje de Visual Studio. Para comenzar, elige la clase `Planet`, y como clase contextual, la que creaste anteriormente, llamada `StarWarsContext`.

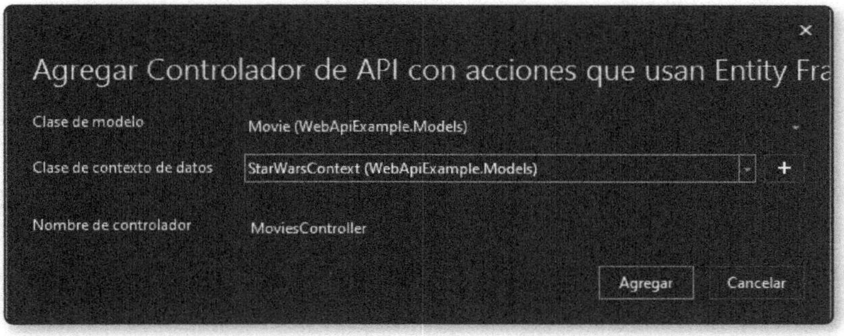

Figura 10.8. Por último, tendrás que seleccionar la clase modelo y el contexto que creaste anteriormente.

Luego de que Visual Studio termine de trabajar y cree tu controlador, deberás configurar los métodos para que retornen y soliciten la información necesaria. Por lo general, una API se compone de una serie de rutas que permiten crear, leer, actualizar o borrar registros de una base de datos, es decir, un **CRUD** completo. Visual Studio, por medio del andamiaje, se encarga de preparar de forma básica los métodos requeridos para todas estas operaciones, como ya notaste en volúmenes anteriores, cuando trabajaste creando aplicaciones web completas. Sin embargo, hay que hacer algo de trabajo sobre los métodos autogenerados, porque no pueden utilizarse de forma directa. En el controlador que creaste, dirígete al método `PostPlanet()`, que luce de la siguiente forma:

```
//POST: api/Planets
[HttpPost]
public async Task<ActionResult<Planet>> PostPlanet(Planet planet)
{
    _context.Planets.Add(planet);
      await _context.SaveChangesAsync();

    return CreatedAtAction("GetPlanet",
      new { id = planet.Id }, planet);
}
```

Este método se ocupa de llamar al contexto y, por medio de la clase **Planet**, llama al método **Add()** y guarda el objeto que se ha recibido. Por el momento, esta información se conserva en memoria, ya que se ha especificado así dentro del contexto. Ahora tendrás que cambiar la instrucción de retorno, para que cuando envíes un nuevo objeto, este sea devuelto como respuesta en formato JSON:

```
[HttpPost]
public async Task<ActionResult<Planet>> PostPlanet(Planet planet)
{
...
return CreatedAtAction(nameof(GetPlanet), new
    { id = planet.Id }, planet);
}
```

Es momento de comenzar a probar este método, y también, la devolución de datos, con los métodos **GET**. Si te fijas dentro de tu controlador, en la parte superior encontrarás dos métodos, llamados **GetPlanets()** y **GetPlanet(long id)**, que se ven de la siguiente manera:

```
// GET: api/Planets
[HttpGet]
public async Task<ActionResult<IEnumerable<Planet>>> GetPlanets()
{
    return await _context.Planets.ToListAsync();
}

// GET: api/Planets/5
 [HttpGet("{id}")]
public async Task<ActionResult<Planet>> GetPlanet(long id)
{
    var planet =
    await _context.Planets.FindAsync(id);

    if (planet == null)
```

```
{
    return NotFound();
}

    return planet;
}
```

Cada método devuelve una lista de todos los planetas guardados en el sistema, y busca y retorna un planeta por id dentro de la lista, ambos en formato JSON. Como aún no hay datos guardados en el sistema, tendrás que cargar alguno antes de probar estos métodos. Existen dos formas de lograrlo. En primer lugar, utilizando algún software de peticiones HTTP, como Postman. En segundo lugar, puedes trabajar con Visual Studio Code, el editor gratuito de código de Microsoft, e instalar un plugin que te permita probar la aplicación realizando peticiones HTTP.

Vas a utilizar Postman como primera alternativa de pruebas; puedes encontrarlo en **www.postman.com** y descargarlo de forma gratuita.

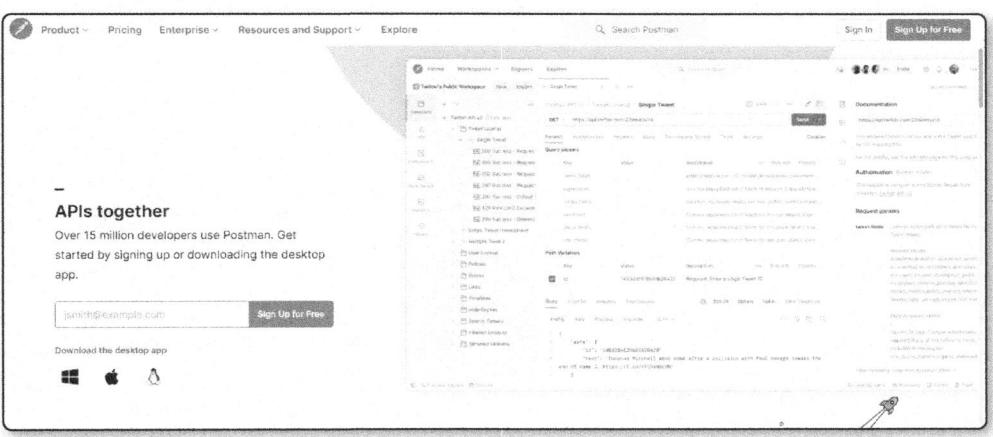

Figura 10.9. Postman es un software para testeo y publicación de APIs utilizado globalmente.

La instalación de Postman es sencilla y no requiere ningún otro software adicional o conocimientos extra. Una vez instalado, solo necesitas la URL para probar tu API. Para esto, accede a Visual Studio y lanza tu aplicación. Verás que tu navegador se inicia y lanza un error, lo cual es normal porque has borrado el controlador que se crea por defecto, y la ruta inicial no se encuentra.

Sin embargo, lo que debes probar ahora es la ruta para la creación de planetas, que se ha definido por defecto como **https://localhost:44301/api/Planets** y es de tipo **POST**.

Para hacerlo, dentro de la barra para la URL, ingresa la ruta y, luego, selecciona la pestaña **Body**, para definir el cuerpo de la petición. Por último, elige la opción **raw** y configura el formato a JSON. El cuerpo de la petición debe ser el siguiente:

```
{
    "Id": 1,
    "Name": "Tatooine",
    "Population": 5000000
}
```

Este objeto en formato JSON será interpretado por el servidor, que intentará crear un nuevo objeto dentro del sistema. Si lo logra, devolverá un estado 200 o similar, y como cuerpo de la respuesta, retornará el mismo objeto que has enviado y que se guardó en el sistema.

Figura 10.10. Al enviar la petición, Postman retorna una respuesta con los datos devueltos.

Ahora que has insertado correctamente un planeta dentro del sistema, al menos en memoria para las pruebas, es momento de buscarlo.

Sin frenar tu aplicación ni cerrarla, crea una nueva petición dentro de Postman, en este caso de tipo **GET**, que se envíe a la ruta **https://localhost:44301/api/Planets**, sin ningún parámetro ni dato adicional en el cuerpo. Al hacerlo, obtendrás un resultado como el que se muestra en la figura.

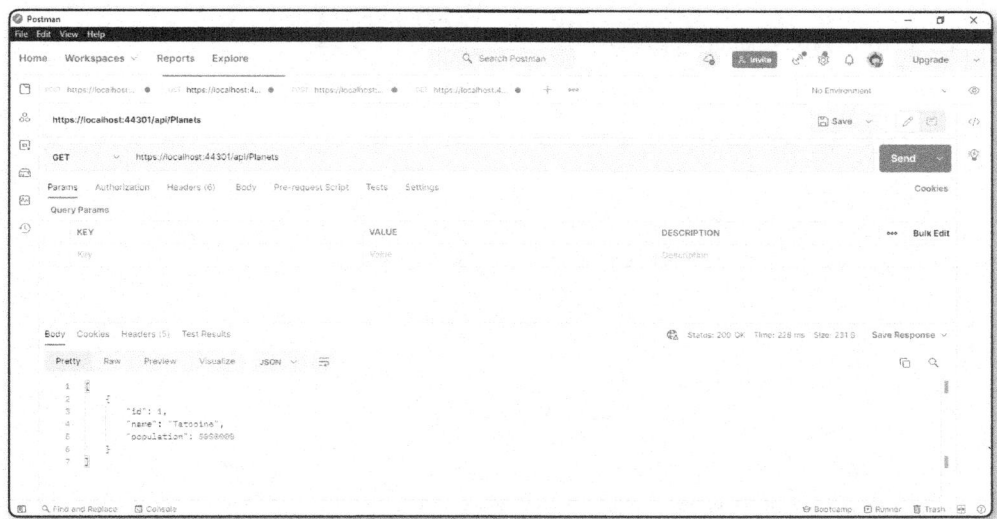

Figura 10.11. Al solicitar los datos, estos se retornarán como un arreglo en JSON.

Ahora, si realizas la misma petición de tipo **GET** en Postman a la ruta **https://localhost:44301/api/Planets/1**, obtendrás solo un objeto en formato JSON del planeta, con el campo id 1. Para aprender más sobre la sintaxis JSON, y la manera de crear datos o interpretarlos en este estándar, puedes leer la colección JSON, en este **enlace: https://premium.redusers.com/reader/01-json?**.

Otra forma de trabajar con una API es utilizando una extensión o plugin del editor de código Visual Studio Code, como REST Client, una herramienta mucho más ligera que Postman que permite probar una API de forma rápida. Si no tienes instalado VS Code en tu ordenador, puedes obtener este editor de código gratuito en el sitio web oficial, **https://code.visualstudio.com**, para MacOS, Windows o Linux.

Una vez instalado el editor, vas a probarlo abriendo tu proyecto dentro de él, desde el explorador de Windows, o como proyecto dentro del editor. Verás que tiene una gran similitud con el IDE Visual Studio, con lo cual no te será nada difícil utilizarlo. Dentro de la sección de extensiones, busca el plugin REST Client e instálalo de forma local, para comenzar a testear tu API. Una vez terminado, crea un archivo en la raíz de tu proyecto, llamado **test.http**, y en su interior, coloca el siguiente código:

```
# GET
GET https://localhost:44301/api/Planets


# GET
GET https://localhost:44301/api/Planets/1


# POST
POST https://localhost:44301/api/Planets
content-type: application/json
{
    "Id": 1,
    "Name": "Tatooine",
    "Population": 5000000
}
```

Cada una de estas secciones es una petición, como podrás notar, con sus respectivas URLs de prueba o end-points. Para probar una, por encima de cada ruta aparecerá un pequeño texto que indica el nombre **Send Request**, lo que te dejará enviar la petición al hacer clic sobre ella. Una vez enviados los datos y probadas las rutas **POST** y **GET**, es momento de pasar al siguiente nivel y trabajar con los métodos de actualización y borrado. En el siguiente capítulo, trabajarás con las rutas de tipo HTTP PUT y DELETE, que te permitirán completar el CRUD.

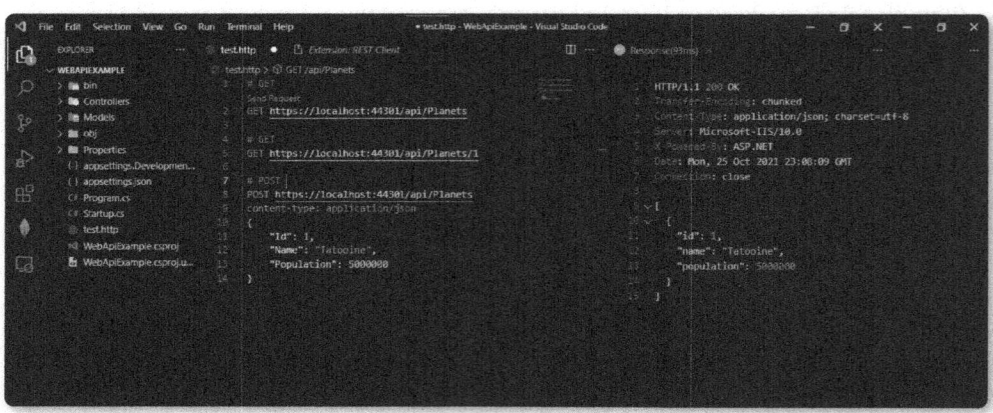

Figura 10.12. REST Client te permite probar una API rápidamente en tu editor de código.

10.4 ACTIVIDADES

A continuación se presentan las preguntas y los ejercicios que deberías saber responder y resolver, para considerar aprendido el capítulo.

10.4.1 Test de autoevaluación

1. ¿Qué es una API? ¿Qué tipo de API te permite crear ASP.NET?

2. ¿Qué formato de datos utiliza una API RESTful?

3. ¿Qué es una relación entre modelos?

4. ¿Qué ventajas trae el uso de una API por sobre otras formas de trabajo?

10.4.2 Ejercicios prácticos

1. Abre tu aplicación de ASP.NET API dentro de Visual Studio Code.

2. Compila la aplicación con el comando **dotnet build**.

3. Una vez que termine, ejecútala con el comando **dotnet run**.

4. Tras finalizar la ejecución, abre el navegador en la ruta que la terminal indica, visita las rutas de tu API y pruébalas como lo hiciste durante el capítulo.

11

FUNCIONALIDAD

En el primer capítulo de esta entrega, aprendiste a crear un proyecto de ASP.NET API, para generar rutas desde las cuales se pueda acceder a los datos, retornarlos y, también, recibirlos para ser procesados y almacenados. En este capítulo le otorgaremos funcionalidad al sistema creado.

11.1 RUTAS

Ahora que la API ya está generada y has creado algunos modelos, es momento de trabajar varias funcionalidades del sistema que serán necesarias. En primer lugar, debes modificar la ruta inicial desde la cual se lanza la aplicación. Como habrás notado, cuando la aplicación se inicia, el programa intenta buscar la ruta **/weatherforecast**, la cual se genera automáticamente como una suerte de programa de prueba desde el que se retornan datos del clima. Sin embargo, dado que esta será una API sobre el universo cinematográfico de Star Wars, se eliminaron el controlador y el modelo de prueba, de modo que se genera un error al tratar de mostrar esta ruta en el navegador. Esto no supone en sí un problema para el resto de rutas y funcionalidades, pero sería una buena idea solucionarlo.

Para modificar la ruta inicial desde la cual se lanza la API, dirígete al archivo **launchSettings.json**, que se encuentra dentro de la carpeta **Properties** de tu solución. Allí, encontrarás la línea **"launchUrl": "weatherforecast"**, que se encarga de indicar qué ruta será la inicial del proyecto. Por el momento, modifica esta ruta de la siguiente forma:

```
"launchUrl": "api/Movies",
```

Ahora, al lanzar la aplicación, deberías ver cómo lo hace en esta ruta y devuelve, por el momento, un arreglo JSON vacío. Esto se debe a que hasta ahora has estado trabajando sin una base de datos real, y has almacenado la información en memoria, con lo cual esta se borra si la aplicación se cierra.

Ahora debes trabajar con las rutas de tipo PUT y DELETE para terminar el CRUD. Las aplicaciones de tipo CRUD llevan este nombre por las siglas en inglés de las operaciones principales que permiten realizar sobre una base de datos: Create, Read, Update y Delete, que en español significan Crear, Leer, Actualizar y Borrar. Estas cuatro operaciones básicas, si bien no son las únicas, son las que se manejan con aplicaciones de datos persistentes, y son tan comunes, que por lo general, toda página web dinámica o que trabaja con un back-end utiliza, al menos, una de ellas o un derivado.

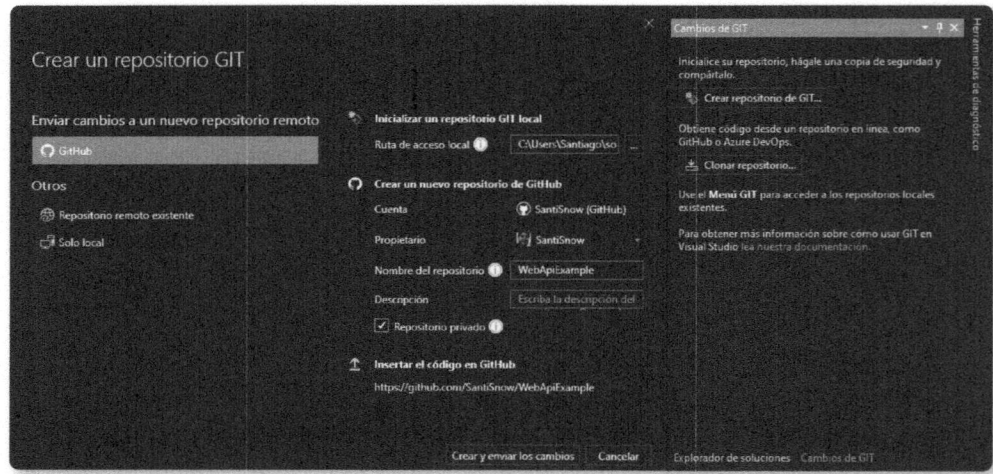

Figura 11.1. Visual Studio permite crear repositorios en GitHub rápidamente.

Comenzarás a trabajar con la ruta **PUT**, que se ha generado por defecto sobre la ruta **/api/Planets/{id}**.

Esto significa que, para realizar una llamada a este método, tendrás que usar el método **PUT** y colocar como parámetro el campo id del objeto que desees actualizar. Por lo general, las peticiones **PUT** se utilizan para actualizar información en algún servicio, y eso es, exactamente, lo que se va a realizar en este caso.

Pero además, por convención, suele aconsejarse que las llamadas de una API de tipo **PUT** no retornen ninguna respuesta.

Por esta razón, si observas el método **PutMovie(long id, Movie movie)**, verás que no retorna el objeto a actualizar en caso de modificar el recurso:

```
public async Task<IActionResult> PutMovie(long id, Movie movie)
  {
  ...
  try
  {
     await _context.SaveChangesAsync();
  }
  catch (DbUpdateConcurrencyException)
  {
  if (!MovieExists(id))
  {
     return NotFound();
  }
  else
  {
     throw;
  }
  }
  ...
}
```

Si pruebas a lanzar tu aplicación, cargas dos registros y luego los retornas, notarás que la aplicación en la ruta **api/Planets** de tipo **GET** tiene un arreglo con dos planetas, como se muestra en la **Figura 11.2**.

Ahora, si utilizas la ruta **/api/Planets/2** para actualizar el último registro, como muestra la próxima imagen, verás que no se retorna ningún resultado en la sección body de la respuesta en Postman (**Figura 11.3**).

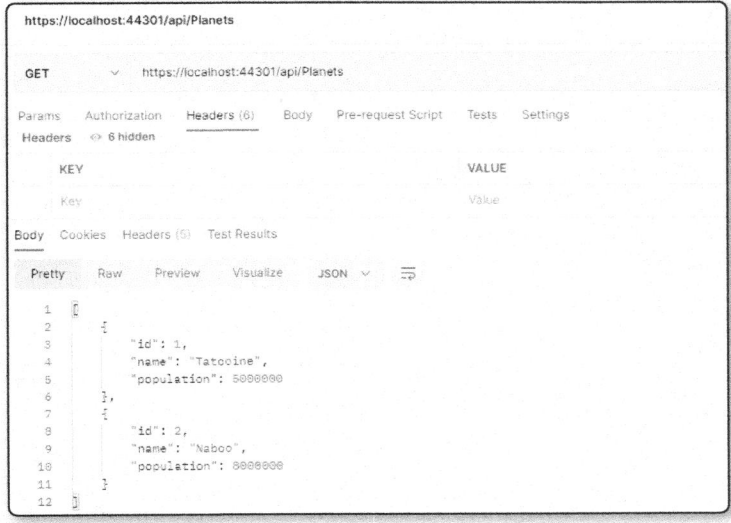

Figura 11.2. Como puedes ver, la ruta retorna los dos objetos insertados.

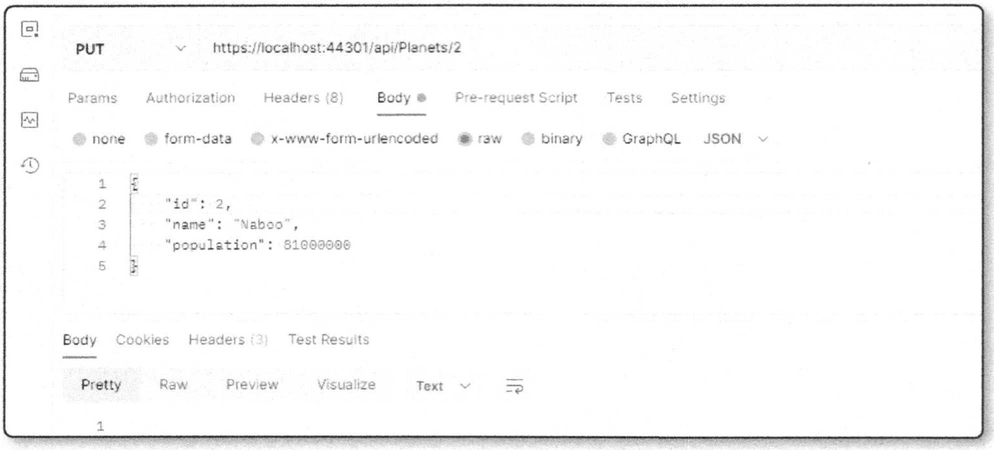

Figura 11.3. Por defecto, la petición PUT no retorna ningún resultado.

Sin embargo, si vuelves a ejecutar el método **GET** que devuelve todos los planetas, notarás que el dato se ha cambiado. También es una buena práctica requerir todo el objeto, no solo los parámetros que vayan a cambiarse, desde el cliente.

Esto significa que tanto los datos que se van a mantener como los nuevos deben enviarse desde el front-end. Si lo deseas, puedes enviar una respuesta al realizar la actualización, si planeas capturar ese mensaje y mostrarlo en el cliente.

Por ejemplo, puedes enviar el mismo objeto que has recibido en caso de que el método **actualizar** se realice completamente y de forma satisfactoria. Para hacerlo, dirígete al controlador **PlanetsController.cs**, y allí, modifica el método **PutPlanet(long id, Planet planet)**, de la siguiente manera:

```csharp
// PUT: api/Planets/5
// To protect from overposting attacks, enable the specific properties you want
to bind to, for
 [HttpPut("{id}")]
public async Task<ActionResult<Planet>> PutPlanet(long id, Planet planet)
{
    if (id != planet.Id)
    {
        return BadRequest();
    }

    _context.Entry(planet).State =
        EntityState.Modified;

    try
    {
        await _context.SaveChangesAsync();
    }
```

```
catch (DbUpdateConcurrencyException)
{
    if (!PlanetExists(id))
    {
        return NotFound();
    }
    else
    {
        throw;
    }
}

//return NoContent();
return planet;
}
```

Como puedes ver, en este caso se cambia el tipo de devolución que retorna el método, de un `IActionResult` a un `ActionResult<Planet>`, para que se retorne un planeta al concretar la actualización. Una vez que eso sucede, se retorna el nuevo objeto que se recibió y se insertó en la base de datos. En caso de que el id recibido no sea el mismo que el del planeta, o que no se encuentre el registro en el sistema, retornará un código de estado de error.

Ahora, si pruebas a actualizar uno de los planetas, en lugar de recibir un código 204 indicando que el servidor no retornó ninguna respuesta, recibirás un objeto de tipo planeta con los datos nuevos (**Figura 11.4**).

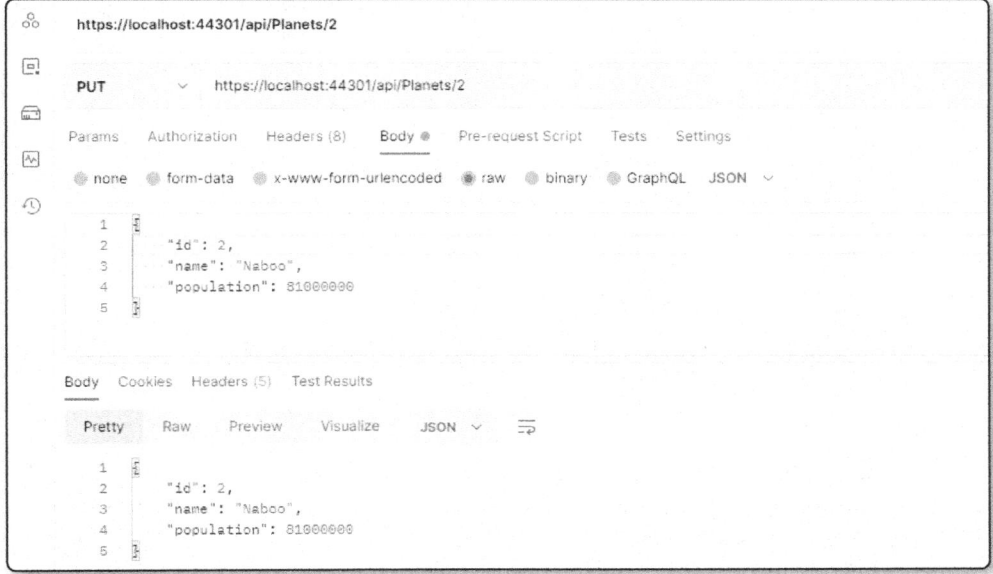

Figura 11.4. El resultado de la petición es ahora un objeto planeta con los nuevos datos.

Es momento de trabajar con el método **DELETE** de la API, para que se puedan borrar distintos recursos del sistema. El método **DeletePlanet(long id)** se encarga de localizar un planeta entre los registros y borrarlo, buscándolo por medio del parámetro id, que se envía en la ruta. En caso de no encontrarlo, devuelve un código de estado 404, es decir, no encontrado. Si lo localiza, retorna el mismo objeto, luego de borrarlo de la base de datos (**Figura 11.5**).

Antes de continuar, tendrás que crear los controladores para las clases modelo **Movie** y **Character**. Para comenzar, dirígete a la carpeta **Controller** y agrega un nuevo controlador haciendo clic sobre este directorio. Recuerda que debes seleccionar un controlador para API y elegir la opción **Controlador de API con acciones que usan Entity Framework**. Por último, finaliza seleccionando la clase modelo **Movies**. Luego, haz lo mismo agregando otro controlador para la clase modelo **Character**.

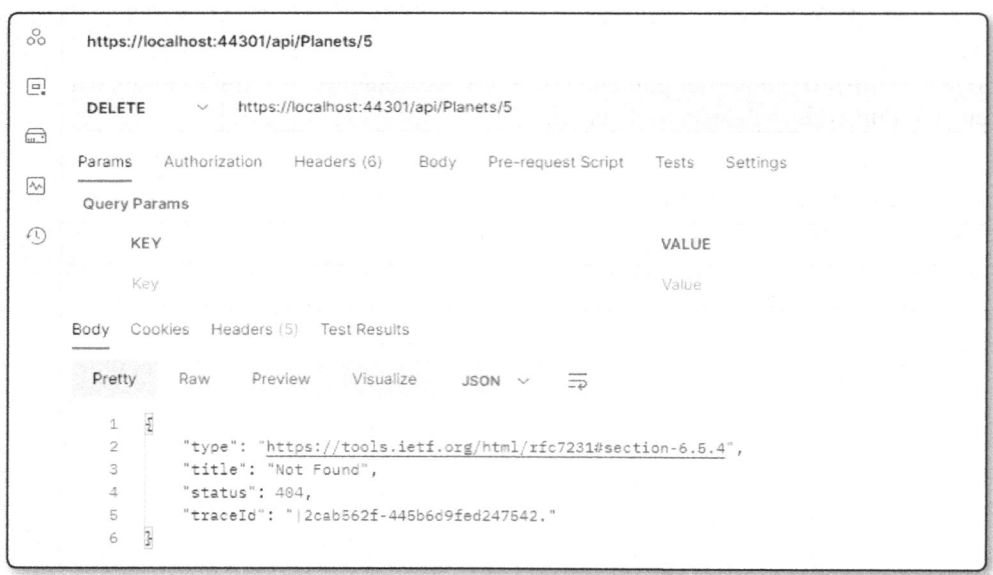

Figura 11.5. El método DELETE de la API ya está completo y retorna un
404 si no lo encuentra, o el mismo objeto tras borrarlo.

Ahora, tendrás que modificar ambos controladores, para que funcionen de forma correcta. Busca el método **POST** en ambos controladores, como hiciste en el capítulo pasado, y modifícalos de esta manera:

```
[HttpPost]
public async Task<ActionResult<Character>> PostCharacter(Character character)
{
    _context.Characters.Add(character);
    await _context.SaveChangesAsync();

    return CreatedAtAction(nameof(GetCharacter),
        new { id = character.Id }, character);
}
```

Una vez hecho esto en el controlador **CharactersController**, haz lo mismo para la otra clase que acabas de crear, **MoviesController**:

```
[HttpPost]
public async Task<ActionResult<Movie>> PostMovie(Movie movie)
{
    _context.Movies.Add(movie);
    await _context.SaveChangesAsync();

    return CreatedAtAction(nameof(GetMovie),
        new { id = movie.Id }, movie);
}
```

Todos los métodos de actualización, borrado, lectura y creación ya están listos, y es momento de trabajar con las relaciones entre modelos. Cada película tiene que contener una lista de planetas y personajes que hicieron su primera aparición en ella. A su vez, cada planeta y personaje deben tener una primera película a la cual pertenezcan, ya que es aquella en que aparecieron por primera vez.

11.2 RELACIONES EN ASP.NET API

Para establecer una relación dentro de un modelo tendrás que definir, en primer lugar, una colección de elementos en el modelo **Movie**. Dado que cada película tiene una lista de planetas que hicieron su primera aparición en ella, tendrás que definir una lista de elementos de tipo **ICollection**, de este modo:

```
public class Movie
{
    public long Id { get; set; }
    public string Name { get; set; }
    public int Year { get; set; }
    public ICollection<Planet> Planets { get; set; }
}
```

Luego, dentro del modelo **Planet** establece un campo **Movie**, que te permita mostrar las características de la película a la que pertenece, y otro campo llamado **MovieId**, que funcione como clave externa, lo cual es muy útil para buscar registros relacionados. En una base de datos relacional esto se conoce como clave foránea. La clase **Planet** debería quedar, entonces, de la siguiente manera:

```
public class Planet
{
    public long Id { get; set; }
    public string Name { get; set; }
    public int Population { get; set; }
    public long MovieId { set; get; }
    [ForeignKey("MovieId")]
    public Movie FirstAppearence { get; set; }
}
```

Ahora, cada elemento de tipo **Planet** tendrá un campo llamado **MovieId** al cual hará referencia. Sin embargo, antes de poder trabajar esto dentro de los controladores, es necesario instalar una librería que te permita hacerlo de esta forma. Dado que vas a trabajar con ciclos que harán referencia a clases que crean objetos relacionados, que luego serán pasados a formato JSON, debes utilizar **NewtonsoftJson** si estás trabajando con el SDK de .NET 3.1. Dirígete al menú contextual de Visual Studio, y en la pestaña **Herramientas**, despliega el submenú **Administrador de Paquetes NuGet**; selecciona la opción **Administrar Paquetes de NuGet para la Solución...**, como muestra la siguiente figura.

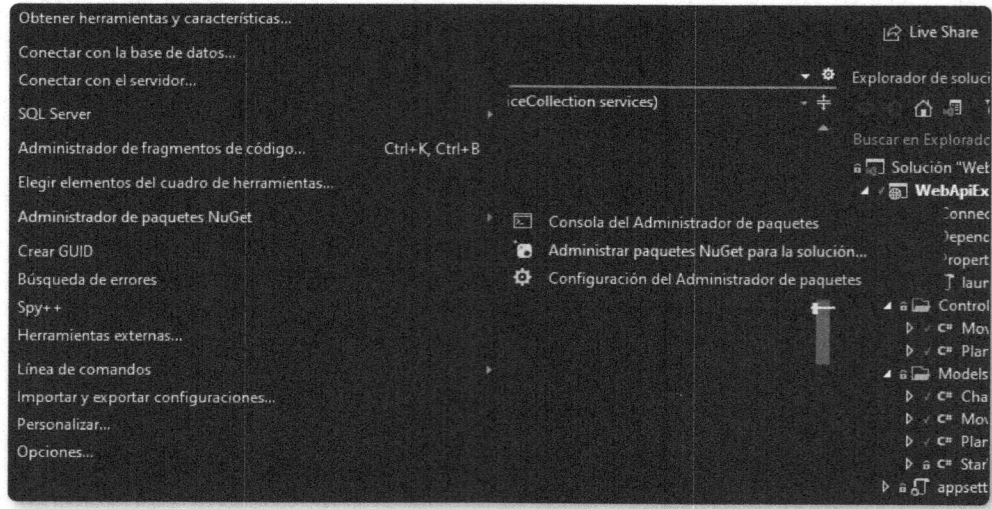

Figura 11.6. Mediante el gestor de paquetes, puedes instalar librerías y software necesario para tu aplicación.

Una vez abierto, busca entre las opciones del administrador de paquetes el software `Microsoft.AspNetCore.Mvc.NewtonsoftJson`, e instala la versión correspondiente a tu SDK, como muestra la próxima figura.

Si estás utilizando la versión 3.1, la versión del paquete 3.1.20 funcionará correctamente para tu aplicación.

Es posible que, si tienes una versión más moderna del SDK de .NET, la librería ya esté instalada por defecto (**Figura 11.7**).

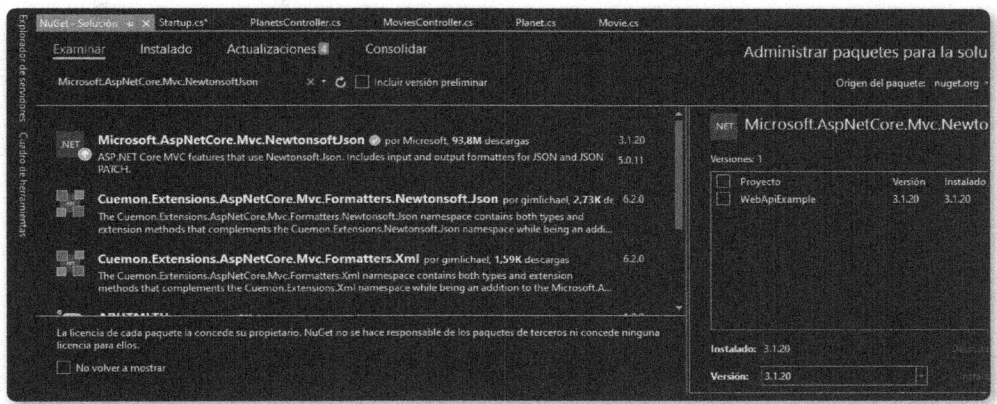

Figura 11.7. El buscador del administrador de paquetes te permitirá encontrar la librería fácilmente.

Una vez instalado el software en tu proyecto, dirígete a la clase **Startup** y, en ella, busca y edita el método **ConfigureServices(IServiceCollection services)**, de la siguiente manera:

```
public void ConfigureServices(IServiceCollection services)
{
services.AddControllers().AddNewtonsoftJson(x =>
            x.SerializerSettings.ReferenceLoopHandling = Newtonsoft.Json.
ReferenceLoopHandling.Ignore);

services.AddDbContext<StarWarsContext>
   (opt => opt.UseInMemoryDatabase("StarWars"));
}
```

Esto te permitirá devolver, en cada llamada a la API, los objetos insertados, modificados o leídos, junto con sus relaciones en formato JSON.

Es momento de comenzar a trabajar con los controladores **PlanetController** y **MoviesController**, para especificar cómo deben tratar cada una de las relaciones.

Para empezar, sería interesante probar un JSON que sea retornado cuando se muestren todos los planetas, que además de como se hace ahora, incluya la película a la cual pertenece. Dirígete al controlador de la clase **Movie** y busca el método **GetPlanets()**. Una vez que lo hayas encontrado, modifícalo de esta forma, agregando el método **Include()** para que se carguen los modelos relacionados mediante el formato **Eager Loading**. El método debería verse así:

```
[HttpGet]
public async Task<ActionResult<IEnumerable<Planet>>> GetPlanets()
{
    return await _context.Planets
       .Include( i => i.FirstAppearence )
       .ToListAsync();
}
```

Ahora, tendrás que editar el método **POST** que carga nuevos planetas, para que, al hacerlo dentro del sistema, también se incluya en el registro el planeta al cual pertenece. Para esto, el método debería verse de este modo:

```
[HttpPost]
public async Task<ActionResult<Planet>> PostPlanet(Planet planet)
{
    _context.Planets.Add(planet);
    await _context.SaveChangesAsync();

    return await _context.Planets
       .Include( i => i.FirstAppearence )
       .FirstOrDefaultAsync(i
          => i.Id == planet.Id
    );

}
```

A continuación, debes modificar el controlador **MoviesController** para que puedas devolver una lista de aquellos objetos que estén anidados dentro de él. Es decir, cada película tendrá en su interior una lista de planetas que hicieron su primera aparición en ella. Para esto, dirígete a la clase **MoviesController**, y allí modifica el método **GetMovie(long id)**, de esta manera:

```
[HttpGet("{id}")]
public async Task<ActionResult<Movie>> GetMovie(long id)
{
    var movie = await _context.Movies
       .Include(i => i.Planets)
       .FirstOrDefaultAsync(i => i.Id == id);
```

```
    //FindAsync(id);

    if (movie == null)
    {
        return NotFound();
    }

    return movie;
}
```

Como puedes ver en este caso, también se realiza un **Eager Loading** de los datos relacionados. Dado que se solicitan todos los datos en una sola vez, puedes hacerlo sin problemas en esta ocasión. Luego, tendrás que modificar el método **GetMovies()**, que se encarga de devolver todas las películas, de esta forma:

```
[HttpGet]
public async Task<ActionResult<IEnumerable<Movie>>> GetMovies()
{
    return await _context.Movies
        .Include( i => i.Planets )
        .ToListAsync();
}
```

En este caso, se utiliza el Eager Loading con el método **Include**, para recorrer todos los planetas asociados al objeto **Movie**, mediante el campo de clase que creaste antes, **Planets**:

```
public ICollection<Planet> Planets { get; set; }
```

Al ser una colección de **Planets**, **Include** puede recorrerlo sin problemas.

Una vez hecho esto, la lista de películas incluirá en cada caso, anidado dentro de cada objeto **Movie**, una lista de **Planets**, o planetas del universo Star Wars, que hayan hecho su primera aparición en esa entrega de la saga.

Para comenzar a probar todo esto, abre Postman, o si te encuentras trabajando con Visual Studio Code, abre el archivo de testing para realizar peticiones HTTP con el plugin REST Client.

Crea una nueva petición para almacenar una película, hacia la ruta **https:// localhost:44301/api/Movies**, como muestra la próxima figura, en la cual se guarde la película Episodio IV, la primera en estrenarse, por medio de la petición **POST**.

Figura 11.8. Carga en el sistema una nueva película por medio del método POST.

Luego, carga la película Episodio I, La Amenaza Fantasma, para poder cargar después otro planeta asociado (**Figura 11.9**).

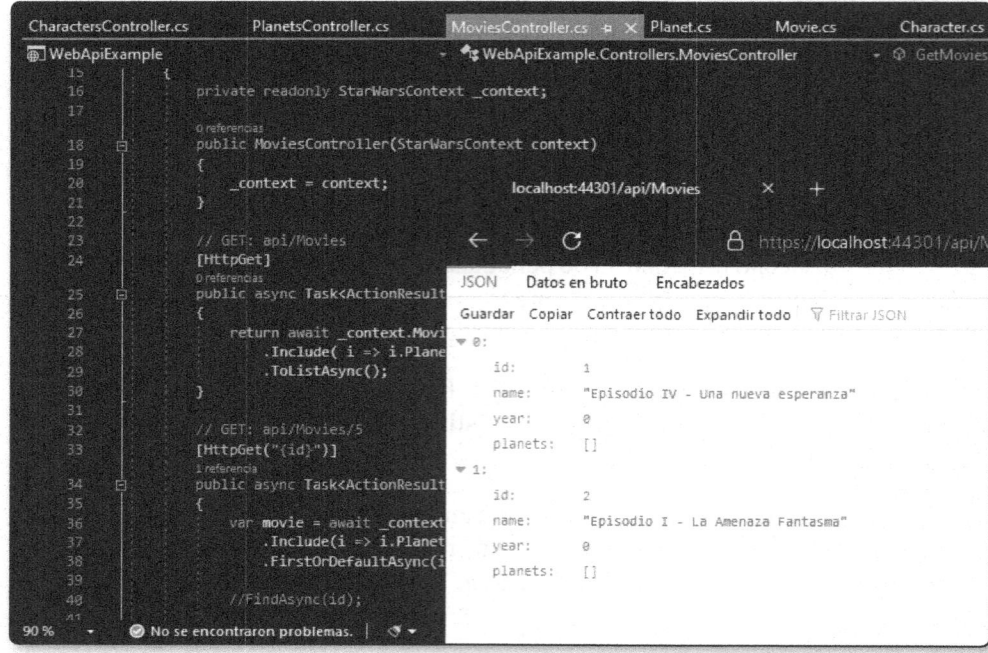

Figura 11.9. Habiendo cargado dos películas, puedes ahora sumar planetas asociados.

Una vez hecho esto, ya tienes el primer elemento de la API a la cual pueden relacionarse otros registros. A continuación, tendrás que cargar un nuevo planeta en el sistema, abriendo en tu herramienta de testeo la ruta **https://localhost:44301/ api/Planets**, y enviando en formato JSON un objeto como el siguiente:

```json
{
    "Id": 1,
    "Name": "Tatooine",
    "Population": 1000000,
    "MovieId": 1
}
```

Podrás ver como resultado no solo el objeto almacenado, sino también un objeto anidado, que reconocerás al haberlo creado en el modelo **Planet**. Además de los campos de clase **Id**, **Name** y **Population**, el objeto retornado posee la propiedad **firstAppearence**, un objeto anidado en su interior de la clase **Movie**:

```json
{
    "id": 1,
    "name": "Tatooine",
    "population": 1000000,
    "movieId": 1,
    "firstAppearence": {
        "id": 1,
        "name": "Episodio IV - Una nueva esperanza",
        "year": 0,
        "planets": []
    }
}
```

Como podrás ver, se acaba de insertar un nuevo objeto de tipo **Planet**, y además, la película asociada. Intenta ahora insertar el planeta Naboo, que apareció en el Episodio I de Star Wars, donde ocurren gran cantidad de eventos, y que debería tener asociado el Id 2 (**Figura 11.10**).

Como puedes ver, ambos datos se guardan correctamente. Para testear esto, sin detener la ejecución del programa, puedes dirigirte a la ruta **https:// localhost:44301/api/Movies**, donde verás todas las películas guardadas en el sistema, y visualizarás no solo su información, sino además una lista de los planetas que hicieron su primera aparición en cada caso.

Ahora, tendrás que realizar los mismos pasos para el controlador de personajes, modificando, en primer lugar, el modelo **Character**, de la siguiente forma:

```
public class Character
{
    public long Id { get; set; }
    public string Name { get; set; }
    public int Age { get; set; }
    public long MovieId { get; set; }
    public Movie FirstAppearence { get; set; }
}
```

Figura 11.10. Recuerda que no debes cerrar la aplicación mientras
testeas, o los datos en memoria se perderán.

Luego, modifica la clase **Movie**, para darle un nuevo campo de clase, otra colección que se encargue de retornar todos los personajes que hicieron su primera aparición en ella:

```
public class Movie
{
    public long Id { get; set; }
    public string Name { get; set; }
    public int Year { get; set; }
```

```
    public ICollection<Planet> Planets { get; set; }
    public ICollection<Character> Characters
      { get; set; }
}
```

Luego, los métodos que se ocupan de retornar los personajes de forma singular o en un arreglo con todos los registros:

```
[HttpGet]
public async Task<ActionResult<IEnumerable<Character>>> GetCharacters()
{
    return await _context.Characters
      .Include( i => i.FirstAppearence )
      .ToListAsync();
}
```

Y el método **GetCharacter(long Id)**, de esta manera:

```
[HttpGet("{id}")]
public async Task<ActionResult<Character>> GetCharacter(long id)
{
    var character = await _context.Characters
      .Include( i => i.FirstAppearence )
      .FirstOrDefaultAsync(i => i.Id == id);

    if (character == null)
    {
        return NotFound();
    }

    return character;
}
```

Una vez hecho esto, modifica el método **GetMovies** una vez más, en **MoviesController**, para que luzca de este modo:

```
[HttpGet]
public async Task<ActionResult<IEnumerable<Movie>>> GetMovies()
{
    return await _context.Movies
      .Include( i => i.Planets )
      .Include( i => i.Characters )
      .ToListAsync();
}
```

Tras actualizar los métodos, podrás probar a ingresar una nueva pelicula y un nuevo personaje.

Ingresa el siguiente JSON a la ruta `https://localhost:44301/api/Characters`:

```
{
    "Id": 1,
    "Name": "Luke Skywalker",
    "Age": 17,
    "MovieId": 1
}
```

Luego, inserta la película Episodio IV, Una Nueva Esperanza, si no lo hiciste aún, y luego retorna todas las películas. Deberás ver un arreglo de películas, con un objeto anidado en cada caso, con los personajes que hayas agregado a cada objeto.

En los capítulos siguientes, verás cómo trabajar con datos persistidos en una base de datos.

11.3 ACTIVIDADES

A continuación se presentan las preguntas y los ejercicios que deberías saber responder y resolver, para considerar aprendido el capítulo.

11.3.1 Test de autoevaluación

1. ¿Qué es una relación entre modelos?

2. ¿Qué librería se necesita para retornar datos en JSON relacionados?

11.3.2 Ejercicios prácticos

1. Agrega un nuevo campo al modelo `Character`*, llamado* `PlanetId`*.*

2. Agrega otro campo, de tipo `Planet`*, que lleve como nombre* `OriginPlanet`*.*

3. En la clase `Planet`*, añade una lista de personajes que pertenecen a ese planeta.*

4. De la misma forma en que agregaste los métodos para relacionar las películas con los personajes, hazlo para que puedas relacionar un personaje con su planeta de origen, editando los métodos de cada controlador de tipo `POST` *y* `GET`*.*

12

DATOS

Ahora que has logrado configurar todo lo necesario para que tu API responda correctamente y relacione los modelos de forma adecuada, es momento de comenzar a trabajar con una base de datos real, que te permita persistir los datos insertados.

12.1 BASE DE DATOS

Ya es tiempo de empezar a utilizar una base de datos real, con el fin de almacenar la información de cada registro que se almacena y guardar los cambios en el momento en que se realiza una petición PUT, o en caso de que se elimine un dato, hacer que también se borre de la base. Esto significa que la aplicación no borrará ningún dato si se reinicia o detiene la ejecución, sino que estos se conservan en un motor de bases de datos.

Para lograrlo, trabajarás con SQL Server, como en las entregas anteriores de esta colección. Desde Visual Studio, podrás manejar el motor de bases de datos, y programar la base, tanto en su estructura como en su comportamiento. Una de las ventajas de utilizar Visual Studio, por sobre otros IDEs, es la posibilidad de no usar SQL como lenguaje para el acceso a datos, sino, simplemente, recurrir a la interfaz gráfica que ofrece. De este modo, puedes trabajar con la vista diseño para crear una nueva base y las tablas necesarias.

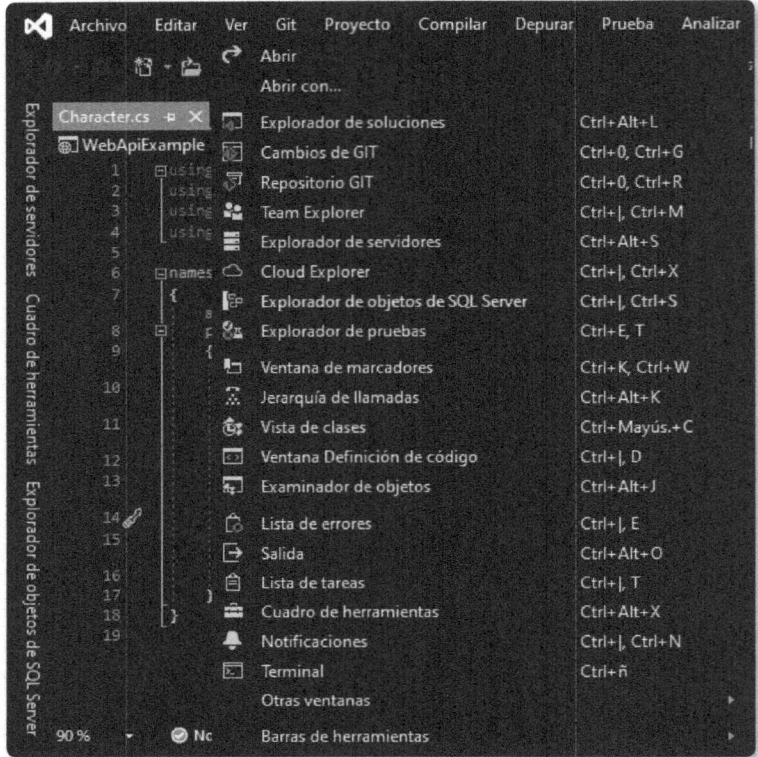

Figura 12.1. Desde esta sección, el IDE te permite controlar y manipular la base de datos.

SQL es el lenguaje universal de acceso a datos; sin embargo, SQL Server maneja un sublenguaje o dialecto de aquel, al igual que otros motores de bases de datos como MySQL o **PostgreSQL**. Por lo tanto, las sentencias que utilices no siempre servirán en otros motores, y es necesario conocer exactamente la versión de MS SQL Server para lograr el resultado esperado.

Esto implica que tendrás que crear una base de datos para tu aplicación, y las tablas, desde tu editor de código. Para hacerlo, abre la aplicación y, desde la sección **Ver** del menú contextual, haz clic sobre la opción **Explorador de Objetos de SQL Server**, como se muestra en la figura.

Una vez que hayas abierto el explorador, crea una nueva base de datos llamada **WebApi**, y en la sección tablas, haz clic derecho y selecciona la opción **Agregar nueva tabla...** como muestra la **Figura 12.2**.

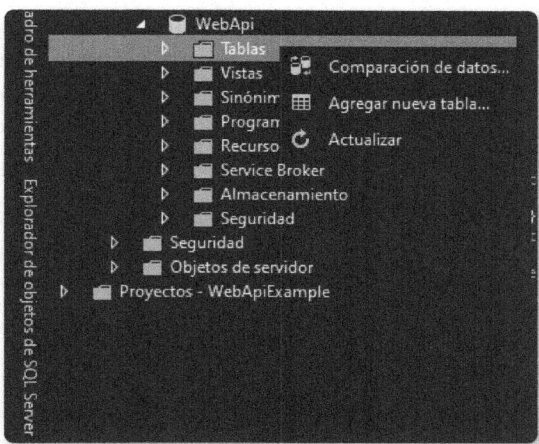

Figura 12.2. Mediante el editor de objetos, crea una nueva tabla llamada Movies.

Ya has agregado una nueva tabla; es momento ahora de generar toda la estructura necesaria para que soporte el almacenamiento de películas, es decir, registros del modelo **Movie**. La estructura de la tabla debe ser como la que se muestra en la próxima imagen, y puedes crearla con la vista diseño o mediante el editor de código SQL, ingresando la siguiente sentencia SQL(**Figura 12.3.**).

```sql
CREATE TABLE [dbo].[Movies] (
    [Id]   BIGINT        NOT NULL,
    [Name] VARCHAR (MAX) NOT NULL,
    [Year] INT           NOT NULL,
    PRIMARY KEY CLUSTERED ([Id] ASC)
);
```

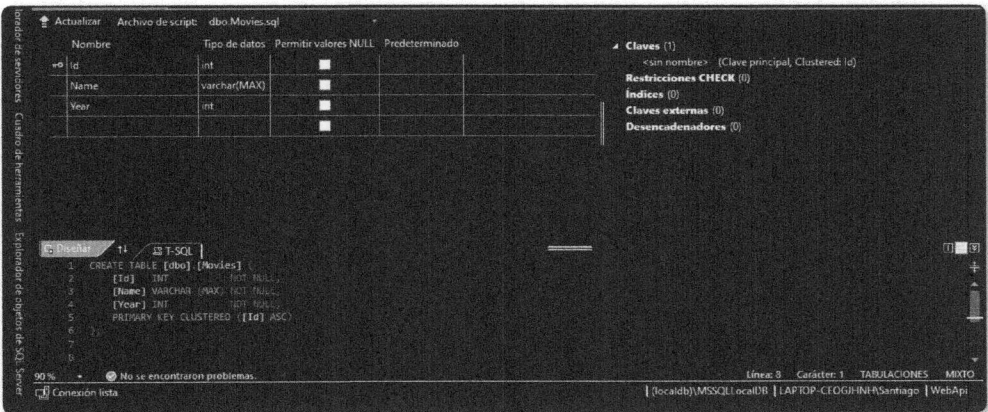

Figura 12.3. La tabla Movies debería llevar esta sintaxis o estructura.

Una vez creada la estructura de la tabla, pulsa el botón Actualizar, para que los cambios se guarden y la tabla se cree de manera correcta. Como habrás notado, no es completamente necesario conocer el lenguaje de consultas SQL, aunque sí es recomendable saber utilizarlo, sobre todo, porque en ocasiones es más sencillo generar algunas consultas con esta herramienta, que mediante la vista diseño.

A continuación, vas a hacer lo mismo para los modelos **Character** y **Planet**, con lo cual podrás comenzar a guardar registros de cada modelo en su interior. Para crear una tabla con el nombre **Characters**, utiliza la siguiente sentencia SQL:

```sql
CREATE TABLE [dbo].[Characters] (
    [Id]       BIGINT        NOT NULL,
    [Name]     VARCHAR (MAX) NOT NULL,
    [Age]      INT           NOT NULL,
    [MovieId] BIGINT         NOT NULL,
    PRIMARY KEY CLUSTERED ([Id] ASC)
);
```

También puedes usar la vista diseño e insertar los mismos campos de clase que encuentras en el modelo **Characters**, solamente obviando el campo de tipo **Movie** llamado **FirstAppearence**, que no será referenciado en la base de datos, sino por medio del campo **MovieId**. De esta forma, solo tendrás que crear las columnas **Id**, **Name**, **Age** y **MovieId**.

Una vez creada esta tabla, genera la última tabla del sistema, **Planets**, mediante la siguiente sentencia SQL:

```sql
CREATE TABLE [dbo].[Planets] (
    [Id]         BIGINT        NOT NULL,
    [Name]       VARCHAR (MAX) NOT NULL,
    [Population] INT           NOT NULL,
    [MovieId]    BIGINT        NOT NULL,
    PRIMARY KEY CLUSTERED ([Id] ASC)
);
```

De la misma forma que con **Characters**, la tabla llevará los campos **Id** y **Name**, se omitirá la propiedad **FirstAppearence** de tipo **Movie**, y se completará con los campos **Population**, de tipo entero, y **MovieId**, que será la clave foránea que haga referencia a la clave primaria de la tabla **Movies**.

Recuerda que los campos **Id** clave de la base de datos, y los campos **MovieId**, o **PlanetId** (si decidiste realizar la relación entre **Characters** y **Planet** que se indicaba en los ejercicios del capítulo anterior), deben ser de tipo BIGINT, tanto las claves primarias de la tabla como también las claves foráneas.

Para finalizar, guarda los cambios en la base de datos con el botón Actualizar, y cierra o minimiza la pestaña del Explorador de Objetos de SQL Server.

12.2 CONEXIÓN A LA BASE DE DATOS

Ya has creado todo el esquema de la base de datos y has guardado la información necesaria. Ahora es necesario conectar el proyecto actual a la base de datos que acabas de crear, para que cada modelo guarde los registros de forma satisfactoria en la base. Para comenzar a trabajar, dirígete al archivo **appsettings.json**, dentro de la raíz de tu proyecto, y dentro del objeto que allí se encuentra, coloca el siguiente objeto:

```
{
    "ConnectionStrings": {
    "DefaultConnection": "Server=(localdb)\\mssqllocaldb;Database=WebApi;Trust
ed_Connection=True;MultipleActiveResultSets=true"
    },
    "Logging": {
        ...
    },
    "AllowedHosts": "*"
}
```

En el objeto JSON anterior, se coloca un objeto anidado llamado **DefaultConnection**, que contiene la cadena de conexión a la base de datos. Como podrás imaginar, esto es utilizado por ASP.NET para encontrar el host de la base. Una vez hecho esto, tu aplicación se encarga de almacenar los datos en memoria, porque así lo especificaste en la clase **Startup** al crearla, por medio de la librería de **EntityFramework**, y su paquete **InMemory**.

Ahora, tendrás que instalar el paquete necesario para trabajar con SQL Server, dado que no viene por defecto en aplicaciones ASP.NET API. Dentro del Explorador de paquetes **NuGet**, busca **Microsoft.EntityFrameworkCore.SqlServer** e instala la versión correspondiente a tu proyecto. Si estás trabajando con la versión del SDK 3.1, debes escoger una de las versiones que corresponda a dicho paquete, por ejemplo, la 3.1.20.

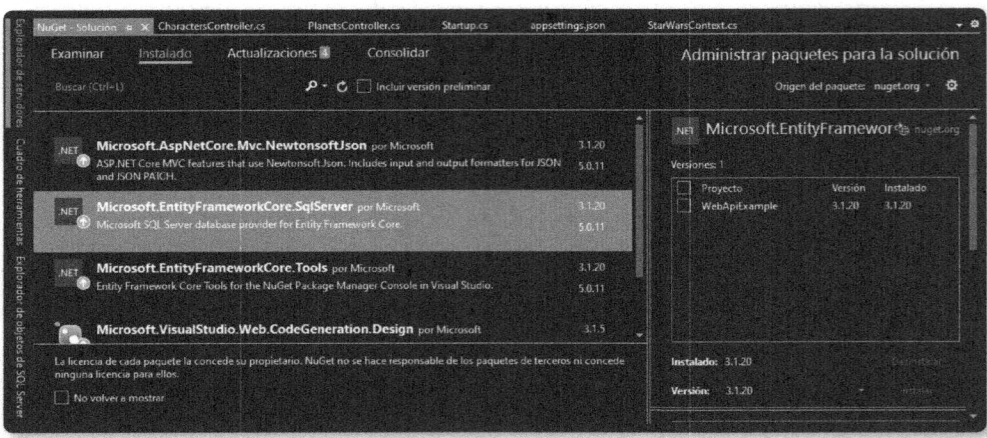

Figura 12.4. Busca e instala el paquete con la versión correspondiente a tu proyecto.

A continuación, puedes configurar la conexión para que la clase **Startup** defina el contexto conectado a la base de datos. Para hacerlo, dirígete a esta clase dentro de la raíz del proyecto y, luego de ubicar el método

ConfigureServices(IServiceCollection   services), edítalo de la siguiente manera:

```
public void ConfigureServices(IServiceCollection services)
{
    services.AddDbContext<StarWarsContext>(
        options => options.UseSqlServer(
        Configuration.GetConnectionString("DefaultConnection")));

    services.AddControllers().AddNewtonsoftJson(x =>
    x.SerializerSettings.ReferenceLoopHandling = Newtonsoft.Json.ReferenceLoopHand-
    ling.Ignore);
}
```

En el código anterior, se agrega como contexto la base de datos y se pasa como cadena de conexión el **string DefaultConnection** creado dentro del archivo JSON. Ahora que configuraste tu contexto con la base de datos y configuraste también los servicios, es momento de trabajar con Postman para realizar peticiones de prueba y testear todos los métodos. En esta ocasión, será para almacenar los datos definitivos en la base, con lo cual no se perderá la información cada vez que la cierres y vuelvas a ejecutarla.

12.3 PROBAR LA API COMPLETA

Abre Postman y ejecuta tu aplicación desde Visual Studio. Ejecuta una primera consulta de tipo **POST** a la URL **https://localhost:44301/api/Movies**, como lo hiciste en los capítulos anteriores. Como cuerpo de la petición, envía el siguiente JSON:

```
{
    "Id": 1,
    "Name": "Episodio IV - Una Nueva Esperanza",
    "Year": 1977
}
```

Esto debería guardar el primer objeto en la base de datos creada anteriormente. Una vez enviada la petición, deberías recibir el mismo objeto como respuesta, con los campos **Characters** y **Planets**, como dos arreglos vacíos.

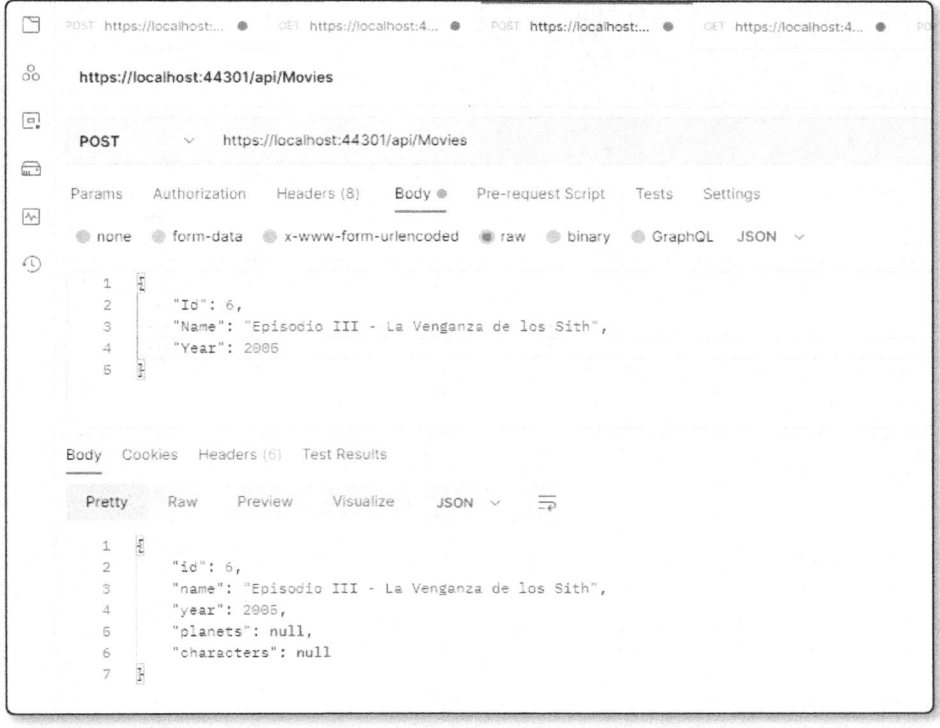

Figura 12.5. En caso de que la petición se procese correctamente, recibirás el objeto almacenado en la base de datos.

Luego, si te diriges al explorador de objetos de SQL Server y haces clic sobre la tabla, en la opción Ver datos, podrás ver el objeto que acabas de enviar almacenado en la base de datos. Si no recuerdas todas las películas de la saga o si no las conoces, busca en Internet dicha información y almacena todo en la base (**Figura 12.6.**).

Una vez enviadas las peticiones **POST** para guardar en la base de datos los registros de las películas, tendrás que probar los métodos de tipo **GET**, con el fin de verificar que tanto la ruta que se encarga de retornar todos los registros, como la que retorna solo uno por su ID, funcionan de manera correcta. Para esto, puedes utilizar Postman o, incluso, tu navegador, dado que se trata de consultas de tipo **GET**. Efectúa una petición a la URL **https://localhost:44301/api/Movies** por medio de **GET** y verifica que retorne todos los datos (**Figura 12.7.**).

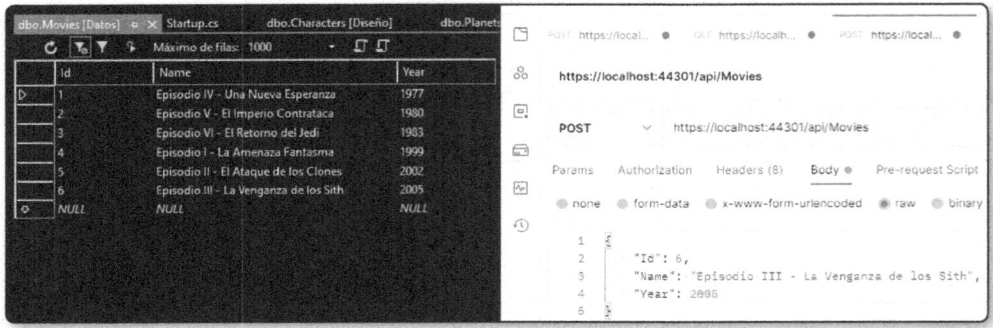

Figura 12.6. Al enviar las películas por Postman, estas se irán almacenando en la base de datos.

```
JSON    Datos en bruto    Encabezados

Guardar  Copiar  Contraer todo  Expandir todo   ▽ Filtrar JSON

▼ 0:
    id:              1
    name:            "Episodio IV - Una Nueva Esperanza"
    year:            1977
    ▼ planets:
        ▼ 0:
            id:              1
            name:            "Tatooine"
            population:      1000000
            movieId:         1
        characters:      []
▼ 1:
    id:              2
    name:            "Episodio V - El Imperio Contrataca"
    year:            1980
    planets:         []
    characters:      []
▼ 2:
    id:              3
    name:            "Episodio VI - El Retorno del Jedi"
```

Figura 12.7. Ahora la ruta GET retorna un arreglo con todos los planetas.

Si pruebas a cortar la ejecución de tu aplicación, verás que, al volver a iniciarla, no se pierden los datos, sino que quedan almacenados en la base. Luego, prueba el método **GET** que busca un registro por **Id**, con lo cual tendrás que realizar una petición similar a la anterior, pero a la ruta **https://localhost:44301/api/ Movies/1**, y verificar que retorne únicamente el objeto con dicho Id.

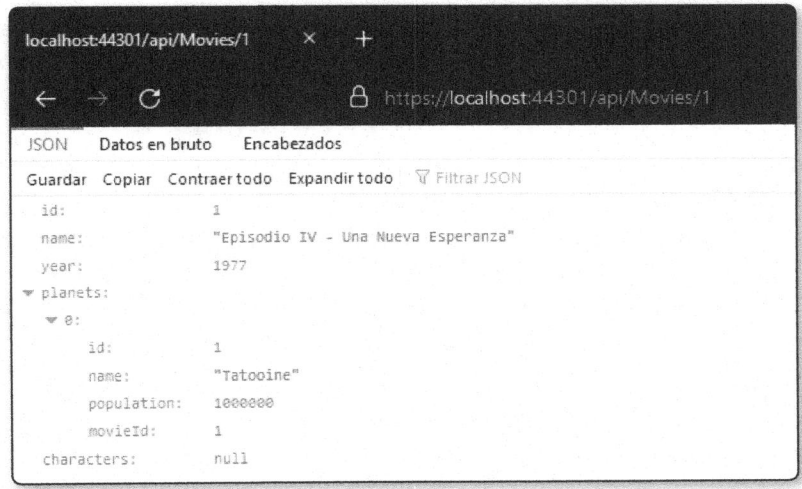

Figura 12.8. Esta ruta solo devuelve el objeto encontrado, y los asociados a él si has almacenado Planetas o Personajes.

Una vez que hayas probado estas dos rutas, es momento de probar las dos restantes, los métodos de **DELETE** y **PUT**. En primer lugar, utilizarás la ruta **DELETE** para borrar el último de los objetos almacenados. Dentro de Postman, o si te encuentras trabajando en Visual Studio Code, en el plugin REST Client, ejecuta una petición a la ruta **https://localhost:44301/api/Movies/6**, la cual debería borrar el último de los registros con el Id 6 y retornar dicho objeto. Si verificas esto en la base de datos, verás que se ha eliminado el último registro de la tabla. Por último, tendrás que probar el método **PUT**. En primer lugar, vuelve a ingresar la película Episodio III, pero con un dato incorrecto, para probar la manera de editar información en la base de datos en caso de que algo sea equivocado.

Para hacerlo, envía por el método **POST** el siguiente JSON:

```
{
    "Id": 6,
    "Name": "Episodio III – La venganza",
    "Year": 2007
}
```

En este objeto se envía tanto el título como el año de la película de forma incorrecta, con lo cual tendrás que modificarlo por medio del método **PUT**. Debes realizar una petición a la ruta `https://localhost:44301/api/Movies/6` y, en su cuerpo, enviar el JSON siguiente:

```
{
    "Id": 6,
    "Name": "Episodio III - La Venganza de los Sith",
    "Year": 2005
}
```

Ahora, si verificas en la ruta **GET** o en la base de datos, verás que el dato se ha actualizado de forma correcta. Ya puedes comenzar a probar los otros modelos y verificar que tanto las rutas de los otros controladores como las relaciones entre modelos funcionen de forma adecuada. Para lograrlo, comienza por guardar algunos planetas de las películas, relacionando aquellas en las que aparecieron por primera vez.

El primer planeta por guardar será Tatooine, de donde es originario el protagonista de la primera trilogía de Star Wars. Realiza una petición a la API, de tipo **POST**, con el siguiente JSON:

```
{
    "Id": 1,
    "Name": "Tatooine",
    "Population": 1000000,
    "MovieId": 1
}
```

Luego, puedes continuar guardando los demás planetas, para que cada película posea al menos uno o dos asociados. Para el Episodio IV:

```
{
    "Id": 2,
    "Name": "Dagobah",
    "Population": 500000,
    "MovieId": 2
}
```

Para el Episodio IV:

```
{
    "Id": 3,
    "Name": "Coruscant",
    "Population": 950000000,
```

```
    "MovieId": 3
}
```

Y también puedes agregar:

```
{
    "Id": 4,
    "Name": "Endor",
    "Population": 6600000,
    "MovieId": 3
}
```

Para el Episodio I, puedes guardar el siguiente objeto:

```
{
    "Id": 5,
    "Name": "Naboo",
    "Population": 90000000,
    "MovieId": 4
}
```

Luego, para el Episodio II, puedes agregar el siguiente planeta:

```
{
    "Id": 6,
    "Name": "Geonosis",
    "Population": 5100000,
    "MovieId": 5
}
```

Para finalizar, agrega el siguiente objeto para el Episodio III, el planeta:

```
{
    "Id": 7,
    "Name": "Mustafar",
    "Population": 10000,
    "MovieId": 6
}
```

Aunque los datos sobre la población son simplemente para ejemplificar, ya has guardado varios planetas y puedes mostrarlos por medio de una consulta **GET**. Además, puedes probar los métodos **GET** que buscan por parámetro **Id**, y los métodos **PUT** o **DELETE**, borrando y actualizando la información que desees. (**Figura 12.9.**).

Figura 12.9. Al igual que con las películas, los planetas guardados se devuelven en un arreglo.

Para finalizar las pruebas, guarda datos sobre personajes, de la misma manera en que lo hiciste con los planetas y las películas, mediante objetos JSON como el siguiente:

```
{
    "Id": 1,
    "Name": "Luke Skywalker",
    "Age": 17,
    "MovieId": 1
}
```

De este modo, podrás guardar información, borrarla, leerla y actualizarla.

12.4 ENRUTADO EN ASP.NET

Como habrás notado, no fue necesario generar ningún tipo de ruta a la hora de crear los end-points de la aplicación. El andamiaje de Visual Studio bastó para crear las rutas necesarias para utilizar tu aplicación o API. Sin embargo, tal vez quieras crear nuevas rutas distintas de las que provee por defecto el andamiaje, sin tener que generar nuevos controladores.

Para comenzar, es posible que desees enviar al usuario a una ruta inicial, para indicarle que la API está activa y funcionando. Para esto, dirígete a la clase **Startup** y busca en su interior el método **Configure(IApplicationBuilder app, IWebHostEnvironment env)**, en el cual se definen las rutas.

Por defecto, al crear la aplicación, ASP.NET define como end-points un mapeo de todos los métodos en los controladores, y los establece como rutas en la aplicación, como puedes ver en el siguiente código que se encuentra en el método:

```
app.UseEndpoints(endpoints =>
{
    endpoints.MapControllers();
});
```

Sin embargo, es posible definir otros end-points. Por ejemplo, si quieres que una ruta inicial indique a un posible usuario de la API que esta se encuentra activa y funcionando, puedes editar el código anterior de la siguiente manera:

```
app.UseEndpoints(endpoints =>
{
    endpoints.MapGet("/", async context =>
    {
    await context.Response
        .WriteAsync("API Funcionando");
    });
    endpoints.MapControllers();
});
```

Ahora, si inicias la aplicación y te diriges a la ruta inicial, **https://localhost:44301/**, verás el mensaje que se definió dentro del método. Si deseas que, al lanzar la aplicación, se lleve a esa ruta, puedes definirlo dentro del archivo **launchSettings.json**, que editaste en capítulos anteriores, modificando el parámetro **"launchUrl": ""**, de esa manera.

Para crear una nueva ruta de tipo **POST**, puedes hacerlo directamente desde el controlador que quieras modificar. Por ejemplo, puede que desees crear un método que se encargue de buscar personajes por medio de un método **POST** y que, en vez de devolver un objeto por su Id, lo haga por su nombre; es decir, que se le envíe un JSON con el nombre del personaje deseado y lo retorne en el cuerpo de la respuesta.

Comienza entonces por crear una nueva clase modelo, que te servirá para serializar el tipo de petición, o más bien, el cuerpo de la solicitud que recibirá esta ruta. Para esto, crea una clase como la siguiente dentro de tu carpeta **Models**:

```
public class CharacterName
{
    public string Name;
    public CharacterName() {  }
}
```

Luego, crea un nuevo método en tu controlador de personajes, **CharactersController**, como el siguiente:

```
[HttpPost] // /api/getCharacter
 [Route("~/api/getCharacterByName")]
public async Task<ActionResult<Character>> GetCharacterByName(CharacterName
searched)
{

    return;
}
```

El anotador **[Route]** permite definir una nueva ruta dentro del controlador. Esto se utiliza para que no haya conflictos de rutas, evitando que se realicen peticiones a métodos de forma no deseada, y que la aplicación falle. Por defecto, el método **POST** del controlador es **/api/Characters**, pero si creas un nuevo método **POST**, tendrás que definir qué ruta debe utilizar, dado que puede generar conflictos con las rutas **GET** de búsqueda con parámetro. Para eso, la anotación **Route** te será útil para borrar el prefijo que se definió en la clase, y evitar que este método tenga que llevar la misma notación que los demás.

Una vez creado el método, como puedes ver, debe retornar un **ActionResult** de un objeto de tipo **Character**, que se haya buscado en el contexto. Pero, además, toma como parámetro un objeto de tipo **CharacterName**, la clase que acabas de crear. Esto te permite serializar las consultas que se le realizarán a este método, con lo cual se debe enviar un JSON válido a esta ruta si se quiere obtener la información del método.

Dentro de la función que acabas de crear, coloca el siguiente código:

```
public async Task<ActionResult<Character>> GetCharacterByName(CharacterName
searched)
{
    var character = await _context.Characters
        .Include(i => i.FirstAppearence)
        .FirstOrDefaultAsync(i =>
            i.Name == searched.Name);

    if (character == null)
    {
        return NotFound();
    }

    return character;
}
```

Ahora, para probar este método, tendrás que enviar por tu cliente de peticiones un JSON como el siguiente:

```
{
    "name": "Luke Skywalker"
}
```

Debe ir a la ruta **https://localhost:44301/api/getCharacterByName/**, la cual tendría que responder enviando el objeto que se encontró en la base de datos.

Ahora que sabes cómo crear métodos, generar nuevas rutas, buscar registros y almacenarlos en la base de datos, modificarlos y gestionar tu API completa, en el próximo capítulo aprenderás a conectarla a un sistema del front-end.

12.5 ACTIVIDADES

A continuación se presentan las preguntas y los ejercicios que deberías saber responder y resolver, para considerar aprendido el capítulo.

12.5.1 Test de autoevaluación

1. ¿Cómo se puede crear una tabla dentro de SQL Server?

2. ¿Cuál es el tipo de dato necesario dentro de SQL Server para Long de C#?

3. ¿Cómo puede crearse una nueva ruta en ASP.NET?

4. ¿Para qué sirve el decorador **Route***?*

12.5.2 Ejercicios prácticos

*1. Busca la nueva ruta **POST** que se encarga de localizar personajes por nombre.*

2. Crea una ruta dentro del controlador de Planetas que los busque por nombre y los retorne.

3. Crea otro método similar, pero para el modelo Movies.

*4. Utilizando el método **StartsWith()**, busca planetas, películas y personajes que comiencen con el parámetro **name** enviado.*

13

CONSULTAS

Una vez que has logrado configurar tu API para que se conecte correctamente a una base de datos, es momento de terminar de configurar el sistema para realizar búsquedas más útiles y específicas, y finalmente, conectarla a un sistema del front-end.

13.1 CONSULTAS SQL MENOS ESPECÍFICAS

Ahora que pudiste crear nuevas rutas y métodos para tu API, puedes definir algunos criterios de búsqueda menos específicos para localizar registros en la base de datos. En el capítulo anterior creaste un método que te permitía buscar por nombre uno de los personajes registrados en la base de datos. Sin embargo, este método retorna solo los personajes registrados que se han buscado si se escribe el nombre correcto, exactamente igual a como se lo ha ingresado en la base de datos. Esto es útil para ti, dado que creaste los datos y sabes cómo se guardaron en la base, pero para otro usuario sería mucho más práctico poder buscar a un personaje, planeta o película bajo un nombre que comience como lo que ha escrito o que tenga parecido con eso. Es decir, un buscador que sea un poco menos específico.

Con este fin, existen varios métodos que Entity Framework provee para las búsquedas. En primer lugar, puedes utilizar el método **StartsWith()**, que te permite buscar en el contexto un registro cuyo dato comience con la información indicada. Para empezar, ubica el método que realizaste en el capítulo anterior, que sirve para buscar un personaje por nombre, llamado **GetCharacterByName(CharacterName searched)**, y allí, modifica la sentencia que busca un personaje, de la siguiente manera:

```
public async Task<ActionResult<Character>> GetCharacterByName(CharacterName
searched)
{

    var character = await _context.Characters
    .Include(i => i.FirstAppearence)
    .FirstOrDefaultAsync(i =>
        i.Name.StartsWith(searched.Name));


    if (character == null)
    {
        return NotFound();
    }

    return character;
}
```

Ahora, el método **StartsWith()** se encarga de buscar y retornar un registro en la base de datos que coincida con el parámetro enviado, pero en este caso, en vez de buscar únicamente registros con el mismo nombre, retornará aquellos que comiencen con el parámetro enviado. Es importante tener en cuenta que el método **FirstOrDefaultAsync()** no devolverá una colección o arreglo, sino un objeto, un punto importante a la hora de procesar esta información en el front-end.

Prueba este método en Postman de la forma en la que se encontraba anteriormente, en la cual **FirstOrDefaultAsync()** buscaba un campo **Name** mediante el operador lógico ==, y envía como cuerpo de la consulta el siguiente objeto JSON:

```
{
    "Name": "Luke"
}
```

Podrás notar que no se localiza ningún registro, aun cuando has guardado un objeto en la base de datos, dentro de la tabla **Characters**, con el nombre Luke Skywalker. Esto se debe a que el operador lógico solo retornará aquellos **strings** que sean iguales, es decir, que contengan todo el nombre.

El método **StartsWith()**, por otro lado, permite enviar el mismo objeto JSON y encontrar el registro deseado. Es decir, si realizas la misma petición con esta nueva versión del método, verás que ahora sí localiza el objeto en la base de datos.

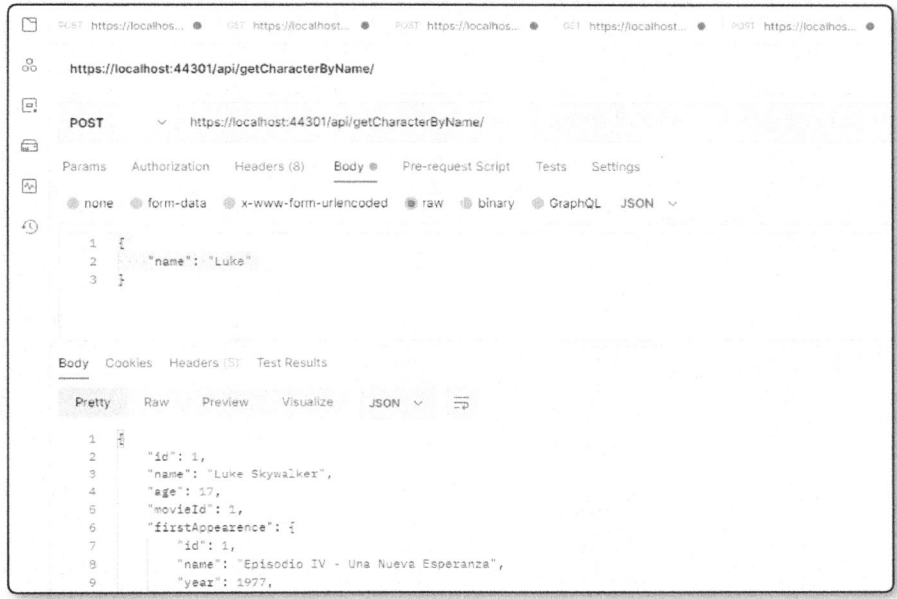

Figura 13.1. Ahora la consulta retorna el objeto que coincide en la base de datos.

El registro es encontrado y devuelto, no como un arreglo, sino como un objeto JSON. Sin embargo, si en lugar de buscar Luke, buscas como valor Skywalker, de la clave **Name**, la consulta no arrojará ningún resultado. Esto se debe a que el método **StartsWith()**, como su nombre lo indica, devuelve aquellos resultados cuyo valor del parámetro comiencen igual.

Como Entity Framework es un ORM, su principal característica para el desarrollador es facilitar las operaciones CRUD con relación a la base de datos, sin necesidad de utilizar el lenguaje de consultas SQL. Esto no significa que no sea recomendable estudiar el lenguaje SQL, o al menos, tener una noción básica sobre él, pero el uso de un ORM como este significa que no es preciso conocerlo tan en profundidad, y que las consultas que se realizan son mucho más eficaces en relación a recursos a ocupar. Si conoces el lenguaje SQL, sabrás que una operación común de lectura se da por medio de las búsquedas **WHERE**, lo cual permite buscar un registro que coincida con tu búsqueda; y si lo combinas con el operador **LIKE**, puedes rastrear registros parecidos al parámetro deseado. Esto implica buscar tanto registros cuyo valor comience con el parámetro deseado, como lo hace el método **StartsWith()**, como también aquellos que contengan el valor deseado, mediante el operador **%** en SQL. Por lo tanto, puedes realizar una búsqueda aún menos específica; por ejemplo, buscar como Name el valor Sky. El sistema debería devolver el primer registro cuyo nombre contenga, en alguna parte, al menos esa cadena de caracteres.

Para esto, Entity Framework brinda un método llamado **Contains()**, que permite trabajar de igual manera que con **StartsWith()**, pero en este caso, realiza una consulta similar a **LIKE** con el operador %, buscando registros que al menos contengan ese valor. Edita el método anterior de este modo:

```
var character = await _context.Characters
  .Include(i => i.FirstAppearence)
  .FirstOrDefaultAsync(i =>
    i.Name.Contains(searched.Name));


if (character == null)
{
    return NotFound();
}

return character;
```

Y prueba a enviar la siguiente petición en formato JSON:

```
{
    "name": "Sky"
}
```

Esto debería retornar una respuesta como la que se muestra en la siguiente figura.

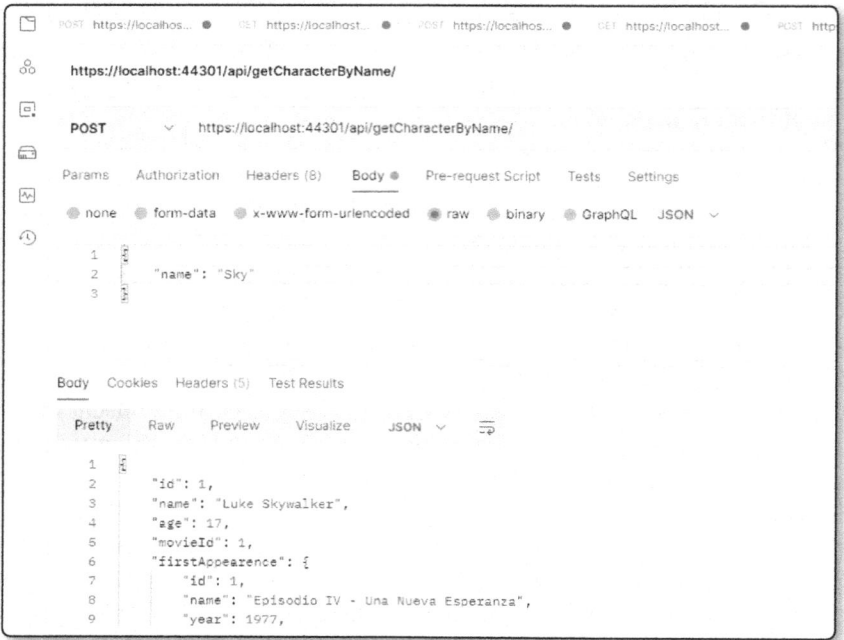

Figura 13.2. De esta manera, puedes buscar registros que contengan ese valor como nombre.

Otra forma de utilizar estos métodos es mediante las funciones de Entity Framework, entre las cuales se encuentra `Like()`. Para este método es posible utilizar dos parámetros: en primer lugar, un valor a buscar como coincidencia en la base de datos; y en segundo lugar, un string que indique los operadores SQL que deben utilizarse. Esto significa que es necesario saber un poco sobre el lenguaje de acceso a datos, y en particular, sobre la manera de utilizar el operador `%`, que se está aplicando en este caso.

El operador `%`, conocido en inglés como **Wildcard**, permite especificar el operador `LIKE` en una consulta de tipo `WHERE`, e indicar si el valor a buscar debería ser completo, comenzar con el valor indicado, terminar de esa forma o solo contenerlo. Esto puede entenderse mejor con un ejemplo.

En caso de que tengas una base de datos con una tabla de clientes, quizá quieras localizar todos aquellos registros cuyo nombre sea igual a Martin. La consulta SQL correspondiente, salvando las diferencias entre motores de búsqueda, sería como la siguiente:

```
SELECT * FROM clientes WHERE Nombre="Martin"
```

Esto significa que se retornarán todos los registros con el nombre Martin. La consulta no devolverá aquellos registros con el nombre Martin Fernandez o Martin Miguel, o cualquier otro nombre o apellido, solo aquellos que se hayan guardado con ese único registro.

Si quieres buscar personas con nombre Pedro y cualquier apellido o segundo nombre, la consulta sería:

```
SELECT * FROM clientes WHERE Nombre LIKE "Pedro%"
```

Esto retornará todos los clientes de nombre Pedro, y pueden llegar registros como Pedro Ramirez, Pedro Alvaro, y muchos otros.

Sin embargo, si deseas registros que tengan como nombre, primero, segundo o apellido Jose, la consulta sería:

```
SELECT * FROM clientes WHERE Nombre LIKE "%Jose%"
```

Esto puede retornar registros con nombre Jose Luis, Jose, Martin Jose, Juan Jose Fernandez y muchos más.

Como notarás, el operador indica si deseas que esa cadena de caracteres deba contenerse, ser igual, empezar o, incluso, finalizar de ese modo.

En Entity Framework, la función equivalente a esto es la siguiente:

```
var character = await _context.Characters
    .Include(i => i.FirstAppearence)
    .FirstOrDefaultAsync(i =>
      EF.Functions.Like(i.Name, "%a%"));
```

En este caso, se indica que se necesita el Personaje con el Nombre pasado como parámetro, y el operador **%** se coloca al comienzo y al final, indicando que debe contenerlo. En caso de que lo coloques al final, **a%**, será similar a utilizar el método **StartsWith()**.

Es importante mencionar que la función anterior es válida para SQL Server y otros motores SQL similares, pero no funciona con todos los motores, si utilizas una base de datos no relacional, y puede tener distintos impactos en el rendimiento.

13.2 HABILITAR CORS

Una vez que la API está lista, es momento de consumirla desde otra aplicación para poder aprovecharla. En este punto, suelen tomarse en consideración distintos puntos importantes, sobre todo, en lo que respecta a la manera en que va a utilizarse la API.

Existe la posibilidad de que una API se convierta en el punto de conexión entre dos sistemas de una misma aplicación, por ejemplo, conectando un back-end con un front-end, para generar una aplicación utilizada por los usuarios desde el navegador. Esta es una manera muy común de trabajar, y permite separar el trabajo del desarrollador front-end, del trabajo del desarrollador back-end. También es posible que la API sea utilizada únicamente por una empresa o compañía, pero se consuma desde varios sistemas del front-end, desde una aplicación móvil, desde una aplicación de React o Angular en un navegador web o, incluso, desde otro sistema del back-end que actualice otro servicio.

Y además, es posible que la API sea abierta y pública, y que cualquier persona pueda conectarse y utilizarla, con o sin autorización. Dependiendo de cada caso, variará la forma en que se trabajen las políticas de **CORS**. Este acrónimo es una sigla formada por las palabras en inglés Cross Origin Resource Sharing, conocido popularmente por las políticas o bloqueos de Cross Origin, o en español, origen cruzado.

Esta política está definida en el sistema de los navegadores web a la hora de ejecutar código de JavaScript que realiza peticiones HTTP. Las peticiones que una aplicación web lleva a cabo pueden ser bloqueadas por un navegador dependiendo del origen al que se consulte la petición. Para comprender mejor este tema, un ejemplo será lo más indicado.

Imagina la situación en la cual creas una API para trabajar con una aplicación del front-end. Esto permite separar tu aplicación en dos, y el trabajo se divide entre desarrolladores front-end y back-end. Sin embargo, no cualquier aplicación o código puede acceder a tu API, solo pueden hacerlo aquellas que tú declares como permitidas. La política CORS, por defecto, chequea que una aplicación no pueda realizar peticiones entre distintos dominios, a menos que la API expresamente lo declare así. Por ende, si creas una API en el dominio www.ejemplo.com/api/Movies, solo podrá ser consumida por una aplicación hosteada en el dominio www.ejemplo. com, por defecto, y a menos que se especifique lo contrario, resultará en un error CORS cuando una aplicación en www.ejemplo2.com o www.dominio.com, o cualquier otra aplicación en otro dominio intente consumirla.

Para mayor seguridad aún, las APIs pueden incluir autenticación, generar tokens de seguridad y aplicar otras políticas distintas. Sin embargo, si deseas que tu aplicación pueda consumirse desde ciertos dominios, o que esté disponible para ser utilizada desde cualquier dominio en Internet, tendrás que configurarlo de esa manera.

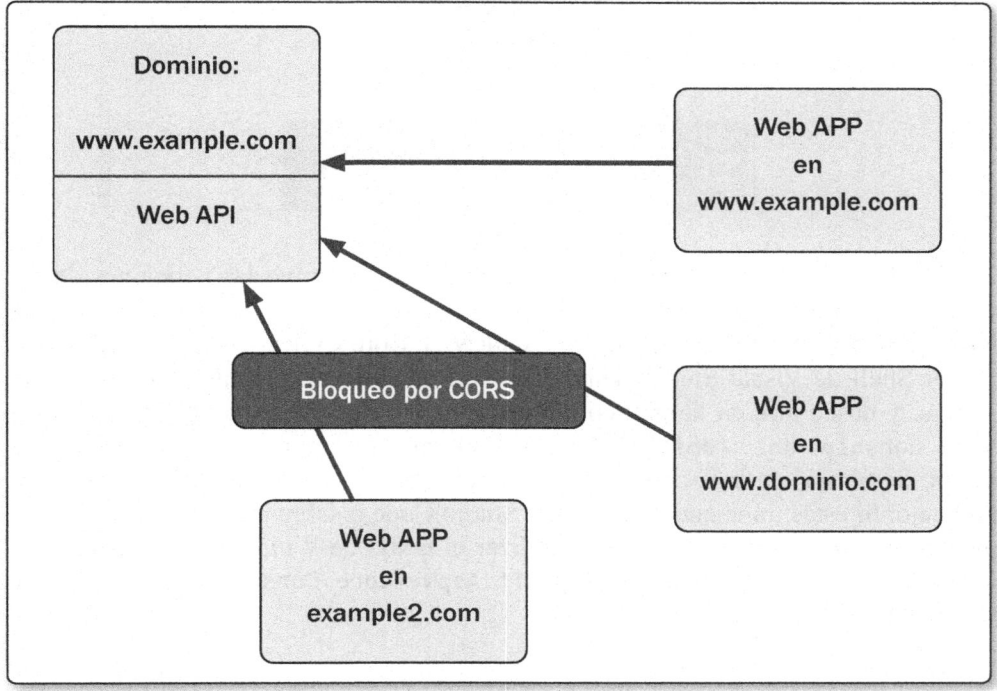

Figura 13.3. La política CORS bloquea por defecto las peticiones entre navegadores.

Si deseas aprender más sobre la política CORS, sus implicancias y la forma de trabajar con ella, puedes leer JSON Volumen 3, capítulo 2, desde el siguiente enlace.

Ahora, tendrás que preparar tu API para que permita las peticiones desde cualquier tipo de dominio, ya sea dentro o fuera del dominio en el cual se hostee. Para hacerlo, debes instalar el paquete ASP.NET Core CORS, desde la consola de Power Shell de Visual Studio. Dirígete a la pestaña Herramientas de tu editor de código, y desde allí, en la sección **Administrador de paquetes NuGet**, haz clic sobre **Consola del Administrador de Paquetes**, como muestra la próxima figura. Se abrirá una nueva terminal integrada ya colocada sobre la carpeta de tu proyecto. Si estás trabajando con Visual Studio Code o sobre otro editor de código, puedes abrir la terminal integrada o utilizar el CMD de Windows. Allí, ejecuta el comando **Install-Package Microsoft.AspNetCore.Cors**, y espera a que la terminal finalice el trabajo.

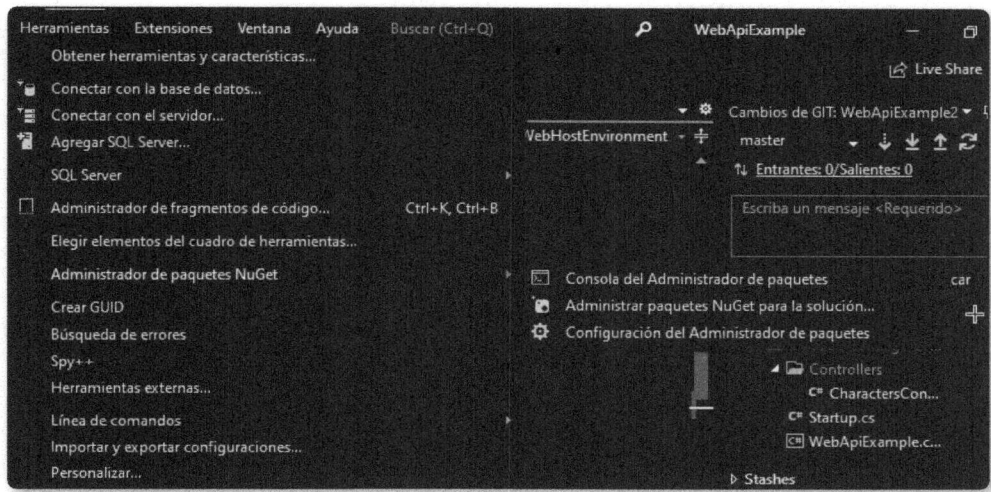

Figura 13.4. Desde la terminal integrada puedes instalar paquetes de ASP.NET.

Una vez que se instale el paquete, dirígete a la clase **Startup** de tu proyecto, y allí modifica un método de la clase, en concreto, **ConfigureServices (IServiceCollection services)**, agregando las siguientes líneas:

```
public void ConfigureServices(IServiceCollection services)
{
    services.AddCors(options =>
        options.AddPolicy("MyPolicy",
            builder => builder.AllowAnyOrigin()
                .AllowAnyHeader()
                .AllowAnyMethod()));

    services.AddDbContext<StarWarsContext>(
        options =>
            options.UseSqlServer(
                        Configuration.GetConnectionString
        ("DefaultConnection")));

    services.AddControllers().AddNewtonsoftJson(x =>
        x.SerializerSettings.ReferenceLoopHandling = Newtonsoft.Json.Reference-
LoopHandling.Ignore);
}
```

Al agregar CORS, te permitirá utilizar el paquete de políticas de dominio cruzado al método **Configure()**. Dentro de la misma clase, ubica este método, luego de la verificación del entorno en estado de desarrollo y del método **UseRouting()**, y agrega el siguiente código:

```
public void Configure(IApplicationBuilder app, IWebHostEnvironment env)
{
    if (env.IsDevelopment())
    {
        app.UseDeveloperExceptionPage();
    }
    app.UseHttpsRedirection();

    app.UseRouting();

    app.UseCors("MyPolicy");
    ...
}
```

Tu aplicación ya puede aceptar peticiones desde cualquier origen, utilizando cualquier tipo de método HTTP. Esto significa que todas las peticiones **GET**, **POST**, **PUT** y **DELETE** que has creado en tu API estarán disponibles desde cualquier dominio. Ahora, el método **WithOrigins()** toma como parámetro los dominios permitidos, lo cual significa que, si le pasas como parámetro el comodín **"*"**, permitirá que se realicen peticiones desde cualquier dominio, sin restricciones. Si deseas trabajar desde un único dominio, tendrás que cambiar este parámetro por el o los dominios que desees.

Una vez habilitadas las políticas CORS para cualquier origen, es momento de conectar la API Web a una página web con HTML y JavaScript.

13.3 CONSUMIR LA API WEB

Ahora que la API está completa y puedes consumirla desde cualquier origen, hay que conectarla a una aplicación web del front-end. Para hacerlo, puedes trabajar con una tecnología como Angular, Vue.JS o React, y crear un proyecto para consumir los datos desde el front-end o, simplemente, crear una carpeta con archivos HTML y CSS, para comenzar a consumir los datos desde JavaScript nativo. Esta última opción es la que se tomará en cuenta en este volumen, pero si quieres trabajar con una tecnología como Angular u otra de las mencionadas y sabes cómo hacerlo, también puedes lograrlo. Para aprender a trabajar con este framework del front-end, es recomendable leer el e-book Angular en RedUSERS Premium, desde el siguiente enlace.

En tu espacio de trabajo, crea una carpeta nueva, colócale nombre y ábrela con tu editor de código preferido. Visual Studio Code es una gran alternativa para trabajar con archivos HTML y JavaScript, dado que tiene integración nativa con estos lenguajes y puede ayudarte a desarrollar.

En tu carpeta crea un archivo HTML llamado **index**, y coloca en su interior las etiquetas básicas de estructura para empezar a trabajar:

```html
<!DOCTYPE html>
<html lang="en">
<head>
    <meta charset="UTF-8">
    <meta http-equiv="X-UA-Compatible" content="IE=edge">
    <meta name="viewport" content="width=device-width, initial-scale=1.0">
    <title>Document</title>
</head>
<body>

    <h1>Request to Star Wars API</h1>

</body>
</html>
```

Una vez creada la estructura básica del documento, se colocarán tres botones que te permitirán ir a diferentes documentos, y ver los datos de cada entidad creada en la API, los Planetas, las Películas y los Personajes.

Debajo del título, genera tres hipervínculos que lleven a tres archivos HTML en tu carpeta, llamados planetas.html, películas.html y personajes.html. Tu documento ahora debería verse de la siguiente manera:

```html
<h1>Request to Star Wars API</h1>
<br>

<a href="peliculas.html">Ir a las Películas</a>
<br><hr>

<a href="personajes.html">Ir a los Personajes</a>
<br><hr>

<a href="planetas.html">Ir a los Planetas</a>
<br><hr>
```

Ya puedes navegar por los tres archivos para ver, en cada caso, los datos de las entidades que desees (**Figura 13.5.**).

Figura 13.5. Tu proyecto en HTML y JavaScript debería verse de esta forma.

Es momento de realizar llamadas a cada servicio de tu API. JavaScript te permite utilizar el objeto `XMLHttpRequest` para hacer peticiones HTTP a través de la Web, enviar datos y recibir respuestas. Este sería su uso básico; dentro del archivo películas.html, coloca el siguiente código:

```
<script>

  const xhttp = new XMLHttpRequest();
  xhttp.onload = function() {
    console.log(JSON.parse(this.responseText));
  }
  xhttp.open("GET",
    "https://localhost:44301/api/Movies");

  xhttp.send();

</script>
```

Como puedes ver en este ejemplo, se crea un archivo **XMLHttpRequest**, y se llama a la función **open**, para especificar el tipo de método HTTP a utilizar y la dirección a enviar la petición. De forma asíncrona, el objeto mandará la petición y, al recibir una respuesta, la mostrará por consola, como indica el método **onload()**. El método **send()** se encarga solo de enviar la petición creada.

Para ver el resultado, ejecuta tu aplicación de ASP.NET Web API, en Visual Studio, y luego abre el documento películas.html y examina la consola.

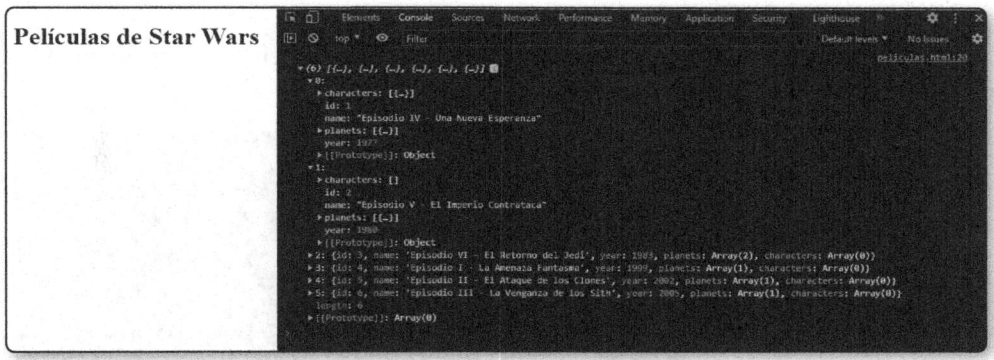

Figura 13.6. Mediante la consola de desarrollo de tu navegador, puedes ver el resultado de la petición.

Una vez abierto el documento, podrás ver los datos que envía la API. Ahora también puedes mostrar estos datos en el cuerpo del documento en vez de la consola únicamente, con lo cual necesitarás agregar un código como el siguiente:

```
<body>

  <h1>Películas de Star Wars</h1>

  <ul id="listaPeliculas">

  </ul>
```

```
<script>
const xhttp = new XMLHttpRequest();
const lista = document.getElementById("listaPeliculas");
xhttp.onload = function() {

let respuesta = JSON.parse(this.responseText);

for(var i = 0; i<respuesta.length; i++){
   let title = document.
      createTextNode(respuesta[i].name);

   let element = document.createElement("li");
   element.appendChild(title);
   lista.appendChild(element);
}
}
xhttp.open("GET",
   "https://localhost:44301/api/Movies");
xhttp.send();

</script>
</body>
```

Al abrir el documento en el navegador, verás los elementos del arreglo JSON parseados y escritos en él (**Figura 13.7.**).

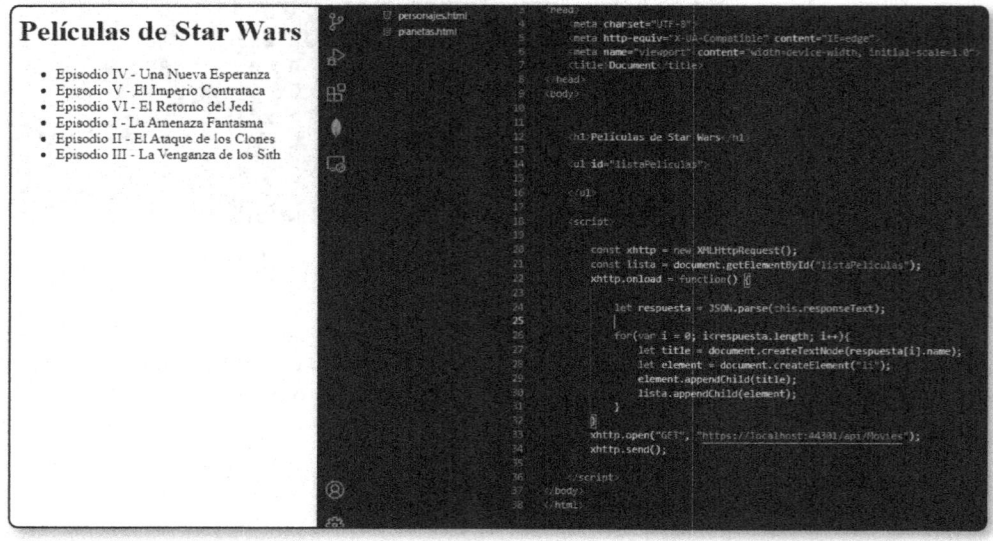

Figura 13.7. Ahora puedes ver en el navegador todos los elementos del arreglo en una lista HTML desordenada.

Si deseas mostrar todos los elementos de las otras entidades, solo necesitas hacer lo mismo en los otros documentos, cambiando el end-point al cual se hace referencia. También puedes realizar peticiones de tipo HTTP, por medio de JavaScript. Para enviar un nuevo personaje, mediante una petición **POST**, puedes utilizar el siguiente código JavaScript:

```
<script>
   const nuevoPersonaje = {
      Id: 2,
      Name: "Obi-Wan Kenobi",
      Age: 62,
      MovieId: 1
   };

   const xhttp = new XMLHttpRequest();
   xhttp.onload = function() {

   let respuesta = JSON.parse(this.responseText);
   console.log(respuesta);

   }
   xhttp.open("POST",
      "https://localhost:44301/api/Characters");

   xhttp.setRequestHeader("Content-Type",
      "application/json");

   xhttp.send(JSON.stringify(nuevoPersonaje));
</script>
```

Si ejecutas este código, se creará un nuevo elemento en la base de datos y podrás ver, como respuesta en la consola, el nuevo objeto creado. Ahora ya sabes de qué modo conectarte a tu API y realizar todo tipo de consultas, con tu sistema completo y listo para ser utilizado por un front-end, o desplegarla al público para ser usada globalmente.

13.4 ACTIVIDADES

A continuación se presentan las preguntas y los ejercicios que deberías saber responder y resolver, para considerar aprendido el capítulo.

13.4.1 Test de autoevaluación

1. ¿Qué tipo de consulta conviene realizar al buscar strings en una base de datos?

2. ¿Qué diferencia existe entre **Like** *y* **Contains***? ¿Y con* **StartsWith***?*

3. ¿Qué es CORS?

4. ¿Cómo se puede conectar la API a un sistema web?

13.4.2 Ejercicios prácticos

1. Una vez probados los métodos **POST** *y* **GET***, crea un nuevo archivo HTML.*

2. Colócale como nombre estrellaDeLaMuerte.html. Allí ubica las etiquetas Script para código en JavaScript.

3. Envía una petición de tipo **DELETE** *a la URL para eliminar planetas, con el* **ID** *deseado.*

4. Busca en la base de datos el planeta borrado para verificar si se eliminó.

GLOSARIO

▶ **AJAX**: Asynchronous JavaScript And XML, serie de técnicas para trabajar con peticiones HTTP y JavaScript dinámico a través de la Web.

▶ **BIGINT**: tipo de dato en SQL que acepta números de mayor tamaño que un campo INT.

▶ **Clave foránea**: clave que hace referencia a una clave primaria en otra tabla.

▶ **Clave primaria**: en un motor SQL, la clave primaria es un campo único en una tabla que identifica el registro; no puede ser nulo ni repetirse y, en ocasiones, suele colocarse como autonumérico, para que automáticamente aumente el valor con cada nuevo registro.

▶ **CORS**: política de comunicación que indica que, por defecto, se bloqueen en los navegadores las peticiones HTTP entre dominios cruzados.

▶ **CRUD**: operaciones básicas con bases de datos; acrónimo en inglés de Create, Read, Update y Delete. De estas operaciones se derivan otras más complejas.

▶ **Django**: framework Web para desarrollar en Python.

▶ **Eager Loading**: en este tipo de consultas, los registros relacionados precargan con el registro principal solicitado, aun cuando no es necesario.

▶ **JSON**: notación que deriva del estándar de creación de objetos en JavaScript.

▶ **Laravel**: quizás, el framework de PHP más popular para el desarrollo de aplicaciones web dinámicas.

▶ **LIKE**: operador que permite realizar consultas con condiciones no estrictas, como valores parecidos o incompletos.

▶ **PostgreSQL**: motor de bases de datos relacionales orientado a objetos.

▼ **Plugin**: componente de software que puede conectarse a otro sistema y desconectarse de forma independiente.

▼ **React**: librería de JavaScript, creada y mantenida por Facebook para el desarrollo de interfaces web.

▼ **Sentencia SQL**: instrucciones que interpreta el motor de bases de datos para acceder o alterar la información.

▼ **Spring**: framework de Java que permite trabajar con el lenguaje en la Web o con desarrollo desktop.

▼ **Testing**: técnica que se aplica al software realizando casos de prueba para verificar su correcto funcionamiento bajo distintas circunstancias.

▼ **Wildcard**: caracteres reservados en el lenguaje SQL destinados a facilitar las consultas.

▼ **WHERE**: consulta utilizada para leer registros dada una o varias condiciones.

MATERIAL ADICIONAL

El material adicional de este libro puede descargarlo en nuestro portal web: *https://www.ra-ma.es*.

Debe dirigirse a la ficha correspondiente a esta obra, dentro de la ficha encontrará el enlace para poder realizar la descarga.

Cuando descomprima el fichero obtendrá los archivos que complementan al libro para que pueda continuar con su aprendizaje.

INFORMACIÓN ADICIONAL Y GARANTÍA

- ☛ RA-MA EDITORIAL garantiza que estos contenidos han sido sometidos a un riguroso control de calidad.

- ☛ Los archivos están libres de virus, para comprobarlo se han utilizado las últimas versiones de los antivirus líderes en el mercado.

- ☛ RA-MA EDITORIAL no se hace responsable de cualquier pérdida, daño o costes provocados por el uso incorrecto del contenido descargable.

- ☛ Este material es gratuito y se distribuye como contenido complementario al libro que ha adquirido, por lo que queda terminantemente prohibida su venta o distribución.

SÍGUENOS EN INSTAGRAM Y ACCEDE GRATIS A NUESTRA BIBLIOTECA DIGITAL DURANTE 30 DÍAS.

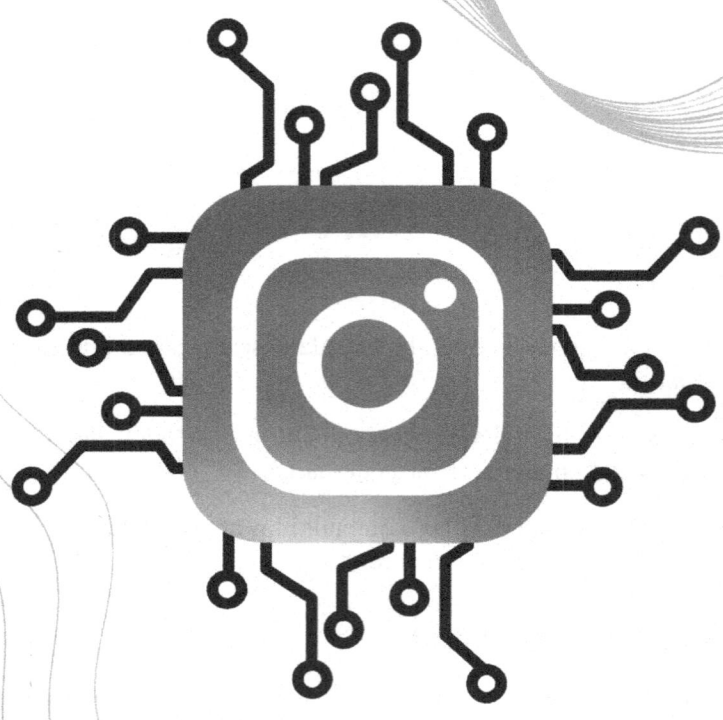

@grupoeditorialrama

¡ENVÍANOS TU MAIL POR PRIVADO!

Grupo Editorial
ra-ma

40 ANIVERSARIO